図解 まるわかり

いちばんやさしい

会社の
作り方

JN054866

新星出版社

はじめに

　平成18年5月1日に施行された「会社法」という法律は、会社を興すときに必要な手続きや条件が緩和されたもので、起業促進による日本経済の活性化を目的のひとつとしています。

　さて、本書は「会社の作り方をやさしく解説した本」ですが、会社を作るには、お金を集めたり、書類を用意したり、ヘトヘトに疲れるくらいにさまざまな準備が必要になってきます。

　つまり、本書の趣旨は"誰でも簡単に会社を作ることができます"ではなく、"もともと複雑で面倒な会社設立の手続きを、できる限りわかりやすく説明しました"なのです。読者のみなさんには、まずその点をご理解いただきたいと思います。

　全体の構成としては、冒頭を第0章として、会社法に関する内容を集めました。取締役会や株主総会の簡略化など、会社設立と直接には関係しない部分でも、重要と思われるものはなるべくカバーしたつもりです。

　それから、会社に関する基礎知識をまとめた第1章、会社を作るうえで必要なモノゴトを紹介する第2章、資金集めの方法を解説した第3章は、具体的な設立準備について触れています。

　第4章は、"会社の憲法"と呼ばれる定款の作り方を、作成例を添えて解説しました。第5章と第6章は、それぞれ登記と届出についての章です。登記は、さまざまな書類を用意して会社設立を登記所に申請する手続き。届出は、会社が誕生したあとに待っている税金や保険の申告手続きです。これらも書面の作成例をできる限り盛り込み、わかりやすい紙面を心がけました。最後の第7章では、開業後の運営に関するヒントについてまとめてあります。

　また、各章の間には関連するテーマのコラムも用意しましたので、軽い息抜きとして読んでもらえれば幸いです。

　本書が一人でも多くの起業家の手に触れ、一社でも多くの会社設立に寄与できることを願っています。

目　次

CHAPTER 0　知っておきたい「会社法」のこと

CHAPTER 7 　運営のヒント

文書作成例一覧

編集制作
バブーン株式会社
◆
イラスト
くぼ ゆきお
※本書の情報はすべて2023年9月のものです

10

知っておきたい「会社法」のこと

会社法で決められていることを知ることが
会社を作るときの第一歩になります！

「会社法」が生まれた理由

平成18年5月1日から、長年の商法改正の集大成ともいえる「会社法」が施行されました。国内企業の大半を占める"小さな会社"の実状に合わせた改正が多く、会社の設立に関する規定や手続きも大幅に緩和されました。

商法改正の歴史

明治32（1899）年	現行商法成立
昭和25（1950）年 〜 昭和41（1966）年	●授権資本制度 ●取締役会の法定・権限強化 ●損益法の導入 ●定款による株式譲渡制限　など
昭和49（1974）年	●監査に関する商法特例法 ●累積投票制度　など
昭和56（1981）年	●株式制度の合理化 ●監督制度の強化　など
平成 2（1990）年 〜 平成16（2004）年	●最低資本金制度 ●株主の監督機能（株主代表訴訟）の強化 ●監査制度の強化（監査役の任期を3年、さらに4年に） ●ストックオプション制度 ●株式交換・株式移転制度 ●会社分割制度 ●株券不発行・株式振替制度　など

平成18（2006）年	「会社法」施行

商法改正の集大成！

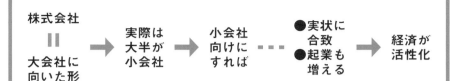

会社法が生まれたワケ

株式会社 ＝ 大会社に向いた形 → 実際は大半が小会社 → 小会社向けにすれば ･･･ ●実状に合致 ●起業も増える → 経済が活性化

法務省側と議員側、双方の立法案で頻繁に改正されたことによる複雑化を解消する目的も

これを ┇ ふまえて

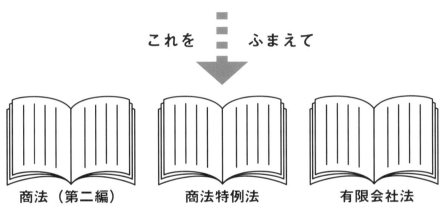

商法（第二編）　　　商法特例法　　　有限会社法

※会社に関するこの3法をまとめて「会社法」と呼んでいた

これを　　まとめて

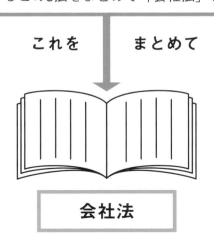

会社法

②

有限会社は新しくは作れない

旧法上では、日本の会社の半数以上を占めていた有限会社ですが、会社法により株式会社に一本化されました。ただし、旧有限会社には、会社法のせいで不利益を被らないよう、従来の経営形態を継続する選択肢も与えられています。

有限会社がなくなったワケ

これまでの法律では…

株式会社：大企業 ということを
有限会社：中小企業 想定していた

でも実際は…

有限会社はもちろん、株式会社の大多数が中小企業

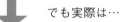 **会社制度の違いが現実に即していない**

それならば…

株式会社と有限会社をひとつにまとめて、
中小企業の実状に合わせた"株式会社"に

中小企業の多い有限会社をなくすからといって、大企業を優遇した法改正というわけではありません。むしろ、中小企業にスポットを当てた改正なのです

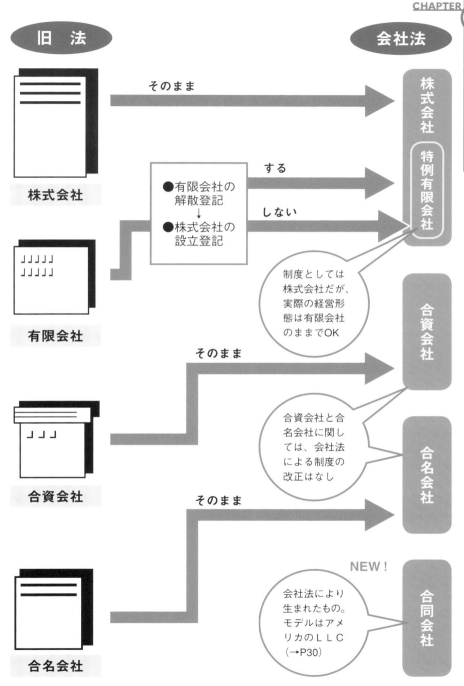

旧　法

会社法

そのまま

株式会社

株式会社 → 株式会社

●有限会社の
　解散登記
　　↓
●株式会社の
　設立登記

する

しない

特例有限会社

有限会社

制度としては株式会社だが、実際の経営形態は有限会社のままでOK

そのまま

合資会社

合資会社と合名会社に関しては、会社法による制度の改正はなし

そのまま

合名会社

合資会社

NEW！

会社法により生まれたもの。モデルはアメリカのLLC（→P30）

合同会社

合名会社

資本金が1円で
会社は作れる

平成2年の改正で生まれた最低資本金制度により、株式会社は1000万円、旧有限会社は300万円の資本金がなければ設立できませんでした。しかし、会社法は起業を促進して経済を活性化させるため、この制度を撤廃しています。

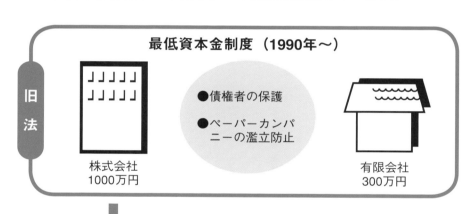

最低資本金制度（1990年～）

旧法

●債権者の保護

●ペーパーカンパニーの濫立防止

株式会社
1000万円

有限会社
300万円

会社設立の"足かせ"だった

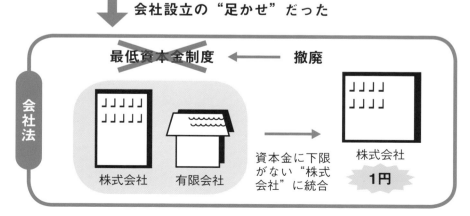

最低資本金制度 ← 撤廃

会社法

株式会社　有限会社

資本金に下限がない"株式会社"に統合

株式会社

1円

1円でもOKの
メリット

大金がなくても会社を設立できる

‖

時事性の高い事業にも挑戦しやすい

1円でもOKの
デメリット

少ない資本金で会社を作ると、初期の経営資金に不安がある

‖

安易な会社設立に走ると多額の負債を抱える危険も

ところで、以前の"1円会社（確認会社）"はどうなる？

1円会社とは…

会社法に先駆けて、条件つきだが資本金の下限なしで会社設立ができた（平成15年〜）

・確認株式会社
・確認有限会社

「5年以内に増資しなければ解散」と定款に定めている

定款の変更登記

解散事由を削除して株式会社か特例有限会社になる。増資は不要

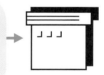

・株式会社
・特例有限会社

注意したいポイント

資本金≠会社設立費用

会社を作るときには、会社法施行後も設立登記の費用（20万円＋α）がかかる。「資本金は1円でOK」だが「1円で会社を作れる」わけではないので間違えないように！

※現物出資であれば資本金0円でも会社を作ることができる

取締役は
1人いればOK

旧法では、株式会社を設立する条件として、3人以上の取締役による取締役会の設置と1人以上の監査役が必要でした。この規定が会社法により緩和され、株式の譲渡制限があれば取締役1人でも設立可能です。

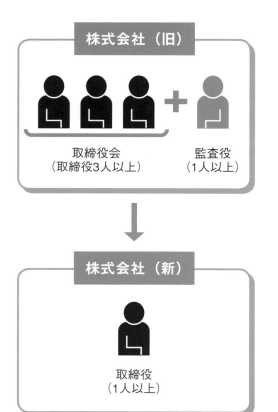

株式会社（旧）

取締役会
（取締役3人以上）

監査役
（1人以上）

株式会社（新）

取締役
（1人以上）

デメリット

- 小さな会社の場合、役員を揃えるのも大変
- 設立のために名前を貸すだけの取締役もいた
- 監査役は資格も不要なので形式的なケースも

会社法で変わったこと

- 会社を作る人＝自分さえいれば設立できる
- 株式の譲渡制限がなされていることが条件
- もちろん取締役会を設置することも可能

多彩な機関設計が可能に					
	取締役	取締役会	監査役	会計参与	株式の譲渡制限
Ⓐ	◯				◯
Ⓑ	◯		◯		◯
Ⓒ	◯			◯	◯
Ⓓ	◯		◯	◯	◯
Ⓔ	◯	◯	◯		△
Ⓕ	◯	◯		◯	△
Ⓖ	◯	◯	◯	◯	△

◯…必須　△…任意

Ⓐは1人の取締役（つまり社長）が運営する一番シンプルな形で、
Ⓐ〜Ⓓは株式譲渡制限を条件に取締役会は非設置。小さな会社は
Ⓐ〜Ⓓのいずれかの形が多い

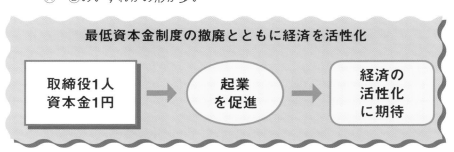

最低資本金制度の撤廃とともに経済を活性化

取締役1人
資本金1円　→　起業
を促進　→　経済の
活性化
に期待

19

「会計参与」とは何をする機関？

ややもすると形骸化しがちの監査役の意義を補うため、会計参与という機関があります。税理士か公認会計士（各法人含む）しか就任できない役職ですから、会計参与を置いている会社は決算の信頼度が高まります。

「お勘定！」とは
別の意味

会計　参与

お金の動きを記録して
管理・報告すること

識者が事業・計画など
の相談を受けること

つまり会計参与とは…
"財務アドバイザー"のこと

A社

B社

B社のほうが
信用できそう

取締役のみ　　　取締役＋会計参与

会計参与誕生の背景

計算書類の
信用度が低い

取締役の
負担が大きい

監査法人の
不正が頻発

会計参与がいれば
決算書の作成も楽になるね

外部でなく役員だから
責任が重く、信用度アップ

取締役　　　　　会計参与

会計参与の基本データ

誰がなる？	●税理士（税理士法人含む） ●公認会計士（監査法人含む）
何をする？	●取締役と共同で計算書類を作る ●株主総会で計算書類の説明をする　など
何人いる？	●制限なし
何年いる？	●通常の任期は2年 ●株式譲渡制限会社なら最大10年まで延長できる

整備された
株式の機能

会社法でほとんどの会社が株式会社になりましたから、旧法の時代よりも会社と"株式"とのかかわりが深くなりました。そのため、株式のさまざまな機能について改正されています。もちろん、主眼は中小企業に合わせた整備です。

整備された機能 ①

譲渡制限が"一部の株式"でも可能になった

旧法では、株式の譲渡制限をするもしないも、"全株式"が対象でした。それが、会社法により一部の株式についての譲渡制限が可能となり、会社が自社株の譲渡先をコントロールできるようになっています。

整備された機能 ②

譲渡制限株式を承継時に買い取れるようになった

ある株主が死亡するなどして、その株を別の人物が相続する場合、相続の前に自社株の買取り予定をすることが可能です。これによって、自社の株が不穏な人物の手に渡るのを防ぐことができます。

整備された機能 ③

自己株式の取得が
しやすい

市場での流通量を減らして株価を高めたり、ストックオプションに備えたりするために、自社の株を取得することがあります。この自己株式の取得が臨時株主総会で決議できるため、その実行が簡単です。

整備された機能 ④

株主ごとに異なる取扱い
が可能になった

旧法では、たくさんの株を持っている株主が、その所有数に比例して大きな発言力を持っていました。それが会社法では株主ごとに株式の機能を調節できるため、「大株主＝権力者」とは限りません。

整備された機能 ⑤

定款に規定がなければ
株券は原則不発行に

紙の株券を発行するかどうかは、定款で規定するのが一般的です。しかし、定款で規定しない場合は、「原則として不発行」です。したがって、株券の印刷代などのコストが削減されることになります。

配当に回数の
制限はない

株式の配当は年1回、中間決算のある会社でも年2回しか行えませんでしたが、株主総会の決議があれば回数の制限なく自由に行えます。期中の資産変動に対応した計算書類や、純資産額による制限もともないます。

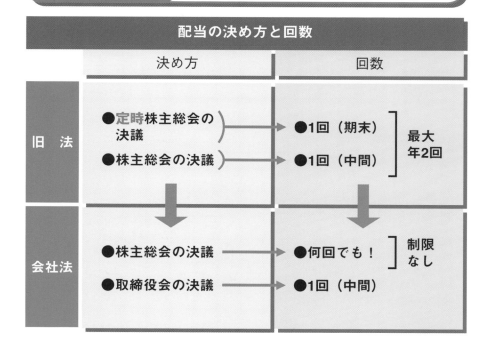

配当とは…	利益などを権利者に配ること。株式の話題で使われることがほとんどで、株式数に応じて株主に現金などが支払われることをさす

配当の決め方と回数

	決め方	回数	
旧　法	●定時株主総会の決議 ●株主総会の決議	●1回（期末） ●1回（中間）	最大年2回
会社法	●株主総会の決議 ●取締役会の決議	●何回でも！ ●1回（中間）	制限なし

計算書類には「株主資本等変動計算書」が必要

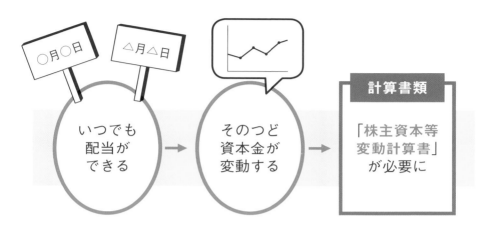

いつでも配当ができる	→	そのつど資本金が変動する	→	**計算書類** 「株主資本等変動計算書」が必要に

注意したいポイント

純資産が300万円未満の会社

➡ 剰余金があっても配当は不可に

純資産とは？

すべての資産から負債を引いたもの。自己資本、正味財産ともいう

最低資本金制度が撤廃されたため、配当が可能な純資産の額に下限を設けることで債権者を保護

類似商号の調査は必要ない

"同じ住所で同じ商号" 以外は、原則としてどんな商号でも登記できるので、登記所での類似商号調査の必要はありません。ただし、有名企業との類似など不正競争防止法に違反する商号はもちろんNGです。

旧法での商号の決め方

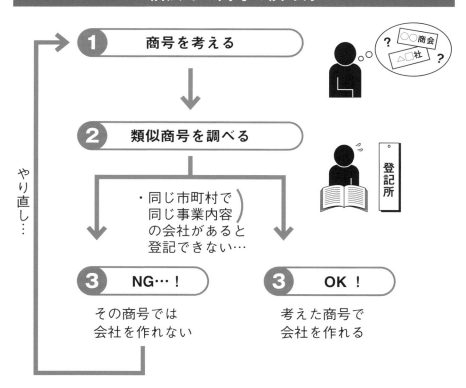

1 商号を考える

2 類似商号を調べる

・同じ市町村で
同じ事業内容
の会社があると
登記できない…

3 NG…！
その商号では
会社を作れない

3 OK！
考えた商号で
会社を作れる

やり直し…

登記所

会社法での商号の決め方

1 商号を考える

類似商号の調査が
不要になったから…

2 基本的に"即OK！"

ただし！

> ●**同一住所で同一の商号**
> （例：同じビル内に同名の会社がある、など）
>
> ●**不正競争防止法に違反する商号**
> （例：有名な企業と同じ商号、など）

➡ これらはNGとなる

不正競争防止法

類似品や偽ブランドといった、いわゆる"バッタ物"
を禁ずる法律。長い歴史があり、制定されたのは昭和
9年。ドメイン名への適用など、随時改正されている

- 有名な商品と混同するような
  表示で類似品を販売すること

- 商品名は似ていなくても、実
  際の形状などが似ていること

- 同業他社の企業秘密などを自
  社で利用して営業すること

- 商品の実状を正確に表さず、
  誤認を招く表示をすること

などが禁止されている

払込金の保管証明は必要ない

資本金が払い込まれたことを、旧法では金融機関で特別な手続きをして証明してもらわなければならず、その手間が会社設立の妨げになっていました。会社法により資本金の払込みは通帳のコピーで証明できます。

払込金保管証明とは？	口座に払い込まれたお金が資本金として保管されていることを、金融機関が証明すること。手続き書類や資本金額に応じた費用がかかる

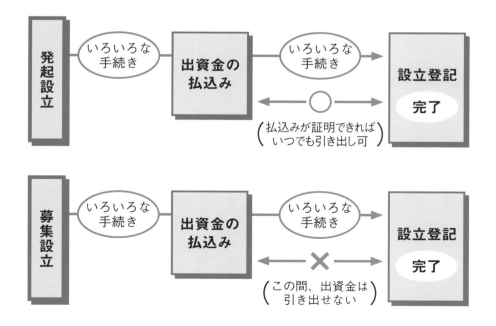

出資金の払込方法

旧　法　　➡️　　会社法

旧　法		会社法	
金融機関の選択	小さな会社の資本金を扱うのは必ずしも喜ばれない	金融機関の選択	発起人の個人口座でいいから、基本的にどこでもOK
出資金の払込み	定款のコピーなど多くの添付書類と委託手数料が必要	出資金の払込み	各発起人が口座に入金。もちろん添付書類などは不要
保管証明書の発行	金融機関によっては申請した日から数日かかる場合も	払込証明書と通帳のコピー	通帳は名義と振込明細がわかるページをコピーする
登記申請へ		登記申請へ	

注意したいポイント

払込金の保管証明が不要なのは…
“発起設立” の場合だけ！

募集設立（＝発起人以外にも株式引受人を広く募集する設立方法。大きな会社に向く）における出資金の払込みについては、会社法による改変はなく、従来どおり保管証明が必要

「合同会社」とは どんなもの?

アメリカのLLC（有限責任会社）をモデルにした形態で、設立手続きや経営組織設計に高い柔軟性があります。小規模な起業や、個人で仕事をしていた専門職の人たちが集まって会社を作る場合などに向いているスタイルです。

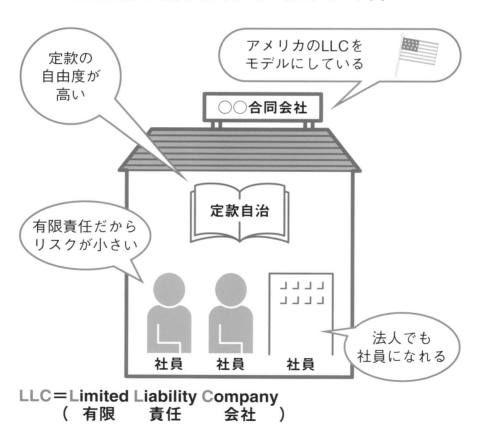

定款の
自由度が
高い

アメリカのLLCを
モデルにしている

○○合同会社

定款自治

有限責任だから
リスクが小さい

社員　　社員　　社員

法人でも
社員になれる

LLC＝Limited Liability Company
（　有限　　責任　　会社　　）

合同会社のメリット

会社設立の手間と
費用が少ない

機関設計が自由で
役員（会）すら不要

社員は有限責任で
責任は出資額止まり

どんな会社に向いている？

小規模な会社

一人で起業可能

定款認証不要

安い登録免許税

"専門家集団"的な会社

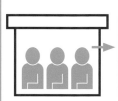

出資額に関係
なく能力・業
務次第で利益
配分できる

注意したいポイント

欧米でLLCが普及した要因の1つ、**パス・スルー税制**（構成員課税。会社ではなく社員に課税されるから、法人税+所得税の二重課税がなくなる）の導入は**見送られた！**

有限責任の組合「LLP」ができた

従来の組合が無限責任だったため、有限責任の組合が求められていました。会社法の施行に先んじて、平成17年8月から設立がスタートしました。組合ですから法人税を払う必要がなく、会社法人よりも節税メリットがあります。

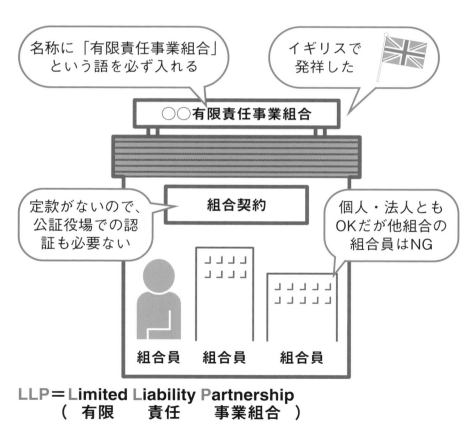

名称に「有限責任事業組合」という語を必ず入れる

イギリスで発祥した

○○有限責任事業組合

定款がないので、公証役場での認証も必要ない

組合契約

個人・法人ともOKだが他組合の組合員はNG

組合員　組合員　組合員

LLP＝Limited Liability Partnership
（　有限　責任　事業組合　）

LLPとLLCの違い

	LLP	LLC
形 態	法人ではなく、有限責任の組合員で構成される。設立人数2名〜。イギリス生まれ	個人のほか、法人社員も可。出資者が業務を執行。設立人数1名〜。アメリカ生まれ
税 制	構成員課税。組合に対してではなく、組合員（＝出資者）に対して課税される	アメリカのLLCは構成員課税だが、日本では会社と社員それぞれに課税される

LLP設立の流れ

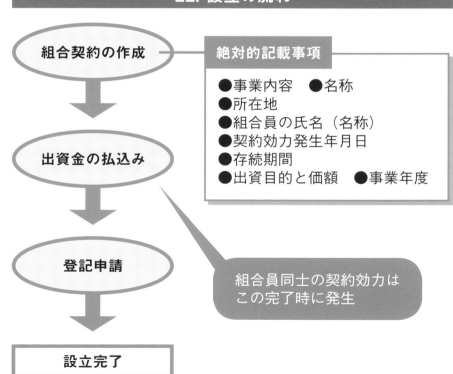

組合契約の作成

絶対的記載事項

- ●事業内容　●名称
- ●所在地
- ●組合員の氏名（名称）
- ●契約効力発生年月日
- ●存続期間
- ●出資目的と価額　●事業年度

出資金の払込み

登記申請

組合員同士の契約効力はこの完了時に発生

設立完了

取締役の責任は過失責任となる

旧法上の取締役は、基本的に「自分は悪くないのに責任は取らなければならない」という性格を帯びていました。この "重すぎる" 責任を問題視する意見が多かったため、会社法では無過失責任から過失責任へ修正されています。

無過失責任とは	過失がなくても発生する責任。会社の損害は原則、取締役の責任に
過失責任とは	自分に過失がないことを明白に証明できれば、責任を問われない

取締役のおもな責任

内　容	旧法	会社法
違法配当 配当可能利益がないのに配当をすること	無過失責任	過失責任
利益供与 特定の株主に財産上の利益を与えること		
利益相反取引※ 会社は損をするが取締役は得をする取引		
法令・定款違反		

※自己のための直接取引は会社法でも無過失責任

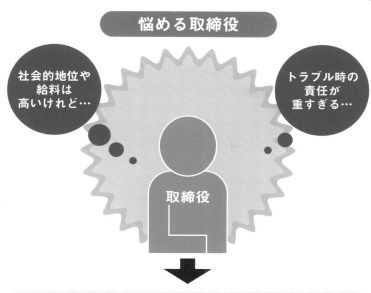

悩める取締役

社会的地位や給料は高いけれど…

トラブル時の責任が重すぎる…

取締役

原則過失責任として、取締役の責任を軽減

破産者でも取締役になれる！

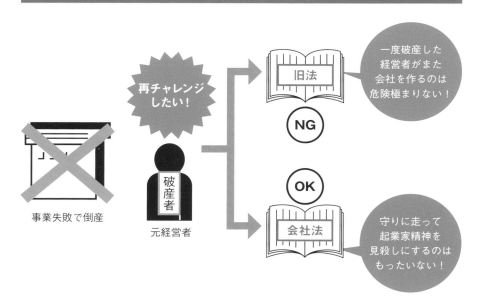

再チャレンジしたい！

旧法

一度破産した経営者がまた会社を作るのは危険極まりない！

NG

OK

会社法

守りに走って起業家精神を見殺しにするのはもったいない！

事業失敗で倒産

破産者

元経営者

13

取締役会の簡略化

経営の能率化と健全化を図るため、旧法より取締役会が開催しやすくなりました。書面の持ち回り決議やメールでの決議が可能なので、各取締役のスケジュール調整や会議のための移動といった手間がクリアされました。

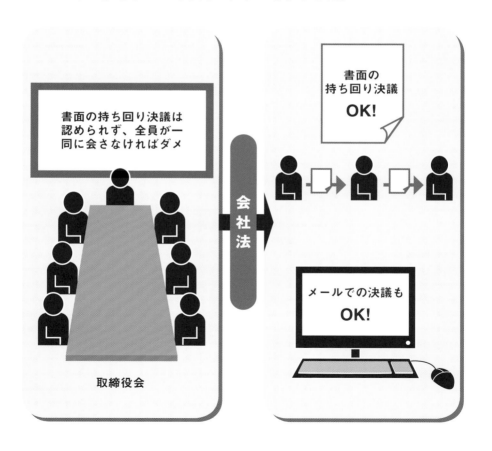

取締役の都合が一致しにくい

取締役会のたびに帰国…

書面・メール決議ができれば
● スケジュール調整
● 移動の手間と費用

クリア
できる

能率化
取締役会の開催が容易になれば、議案の決議にかかる期間も短い

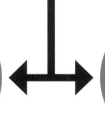

健全化
各取締役の賛成票や反対票を回収しやすくなり、会議の透明度が高まる

注意したいポイント

次の3点を満たしていることが条件！

1 定款で書面決議を行うことを規定している

2 全取締役がその決議事項に同意する

3 監査役が異議を述べていない

株主総会の簡略化

取締役会だけでなく、株主総会の開催手続きも規制緩和されました。取締役会を置かない会社にとって、株主総会は会社のあらゆる決議を行う場です。つまり、株主総会の簡略化は迅速な経営判断をもたらしたのです。

簡略ポイント ①

開催前日でも開催を通知できる
（定款で規定が必要）

簡略ポイント ②

書面でなく口頭で通知をしても
効力が認められる

簡略ポイント ③

通知時に必要だった目的事項や
計算書類が不要になった

簡略ポイント ④

株主総会で決議できる内容への
制限がなくなった

簡略ポイント ⑤

開催地の制限がなくなったので
全国どこでも開催可能になった

※①〜④は取締役会を置かないことが条件

司法書士が語る
会社法
のコト

会社法の施行で
注目されている
保険商品とは

　近年、企業の不祥事のニュースを見聞きする機会が多くなってきました。このことは、会社法でも当然重視されています。会社会計の信用を高めるために会計参与を新設したり、株主総会を開催しやすくしたりして、コーポレートガバナンス（企業統治。会社の所有者である株主のために経営を実践すること）の徹底が図られているのです。

　そうなると、経営者（役員）を相手に、株主による損害賠償訴訟が増えることが予想されます。そこで、「会社役員賠償責任保険」という保険商品が注目されています。この保険は役員の損害賠償責任を補償する保険で、1940年代にアメリカで生まれました。1980年代に巨額の訴訟が多発したことを受けて、現在はアメリカ企業の大半が加入しているようです。日本国内では、バブル経済の崩壊以降、扱う保険会社が増えてきました。

　会社法は取締役の責任を軽減しましたが、いっぽうで懈怠責任（仕事をサボったことによる損害の責任）を義務づけてもいますから、その点でもこの保険に加入する会社が多くなるものと予想されます。

会社役員
損害賠償
保険

1

会社を作る前に
知っておくこと

会社の種類や株式会社のしくみなど
基本的な知識を身につけておきましょう

株式会社とは…

会社とは何か

「会社って何？」なんて改めて尋ねられることはないかもしれませんが、これから会社を作ろうという人ならまずは知っておくべき基礎知識です。

日本の会社の大半は中小企業

日本の人口の約72人に1社

国内には平成26年度現在、約175万社の会社があります（統計局ホームページより）。人口を1億2600万人とすると、日本人約72人に1社の割合です。

平成18年5月に施行された会社法は、国内企業の大半を中小企業が占めているという実状をふまえた法律です。旧法上は半数以上が有限会社で、半数弱が株式会社、残りが合名会社や合資会社でした。そして、株式会社でも大企業と呼ばれる会社はほんの一部に過ぎないため、株式会社のしくみを中小企業の実態に合うよう改変し、有限会社は株式会社に統合されました（→ P14）。

産業の種類による区分では、一番多いのは卸売・小売業、つまりモノを売る会社で全体の約3割を占めます。

会社の三原則とは

会社は①営利目的　②団体　③法人という三原則で定義されています。

会社の目的は、何といっても利益を生むことです。会社が利益を生むことで従業員に給料が支払われ、従業員やその家族の生活を維持します。

法律上は1人でも会社を作って運営できますが、多くの会社は複数の人間が集まることで効率化を図ります。この団体性も会社の特質のひとつです。

法人とは、文字どおり「法律上の人間」という意味で、"ヒト"ではないけれど法的には人格を持っている存在のこと。国、地方自治体、学校、各種組合、そして会社とさまざまな法人があります（右ページ参照）。

会社作りの
コトバ 1
WORD
中小企業

中小企業基本法という法律があり、小売業は従業員50人以下または資本金5000万円以下、サービス業なら従業員100人以下または資本金5000万円以下など、業種ごとに基準を定めています。

国内企業の経営組織別・産業大分類別

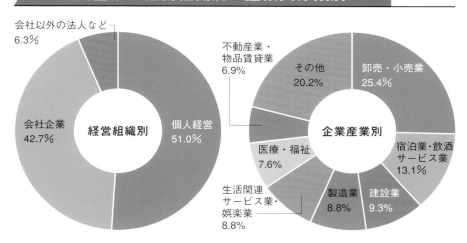

会社以外の法人など
6.3%

会社企業
42.7%

経営組織別

個人経営
51.0%

不動産業・
物品賃貸業
6.9%

その他
20.2%

企業産業別

卸売・小売業
25.4%

宿泊業・飲酒
サービス業
13.1%

医療・福祉
7.6%

生活関連
サービス業・
娯楽業
8.8%

製造業
8.8%

建設業
9.3%

（分類は旧法上）

※平成26年度、統計局ホームページを参照

国内企業の経営組織別・企業産業別割合

公法人

国
地方自治体
など

私法人

公益法人	中間法人	営利法人
学校 NPO 宗教団体 など	労働組合 協同組合 など	株式会社 合同会社 合名・合資会社 など

┤未来の社長におくる├ ミ ニ 知 識 **1**

世界で一番大きな会社はどこ？

売上高は実に4821億ドル。1ドル＝112円とすると
日本円で53兆9952億円。この世界No.1の売上高は、
総合スーパー・ウォルマートのものです（売上高は
2017年）。

"53兆9952億円"を1万円札で積み
上げると…

53,995m

雲を超えて
成層圏・中間圏へ！

会社を作るメリット

個人で事業を興すとき、「会社を作る」「個人事業主になる」という2つの選択があります。大きなビジネスを目指すには、会社形態のほうが有利！

将来の成長を見越せば個人より会社！

個人事業主という手も？

自分1人で事業を始めようとするとき、必ず会社を作らなければいけないわけではありません。農家や個人商店、フリーランスのクリエイターなど、個人で仕事をする個人事業主という形態もあります。会社に比べて開業手続きが簡単ですし、年間の売上高が800万円を超えない規模なら会社形態より税金も安く済むともいわれます。

ですが、個人事業主は事業規模を広げるのに限界があるので、大きな成功を目指すには会社が向いています。

社会的信用は会社に軍配

例えば、あなたが何かの製造業者だとして、材料の仕入れ先候補に会社と個人があった場合。普通は個人より会社のほうが経営は安定しています。また、個人事業はその人が事業をやめれば終わってしまいますが、会社は創業者がどうなったからといって簡単にはなくなりません。つまり、末長く取引を続けられるという信用があるのです。なので、条件が同じなら仕入れ先には会社を選ぶのではないでしょうか？

こんなメリットがある

社会的信用の高さは、取引での有利さ以外にもメリットをもたらします。事業を興すには何かとお金が必要ですが、会社と個人では融資の受けやすさが大きく異なります。また、お金と並んで必要になってくるのが労働力、つまり従業員ですが、就業後の安定度を考えれば、会社のほうが人は集まりやすいでしょう。

会社作りの
コトバ 2
WORD
SOHO（ソーホー）

Small Office Home Officeの略。おもにパソコンを使って自宅で仕事をする形態のことです。大半は個人事業主ですが、会社で業務効率化のために在宅勤務にしているケースもSOHOに含まれます。

社会的信用の高さを生かす

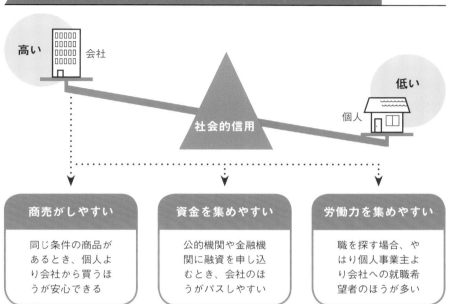

	会 社	個人事業主
設立手続	定款を作ったり、多数の提出書類を用意したりと、それなりの手間・費用がかかる	定款や登記申請などは必要ない。所轄の税務署に届出をすればOK。1日で完了する
責任	合名・合資会社以外は有限責任なので、出資額以上の責任を負う必要はない	個人の事業なので、負債があれば当然個人的財産が返済に充てられる。無限責任という
社会保険	会社を作った時点で、すべての会社が社会保険に加入する義務を持っている	決められた手続きを踏めば加入することはできるが、普通は"保険なし"の状態である
経理	複式簿記による帳簿の作成や計算書類の作成など、専門的な作業が必要になる	複式簿記よりも簡単な方法でお金の動きを記録しておけばOK。素人でも十分可能

いろいろな要素を比べてみる

3

会社の種類

ひとくちに「会社」といっても、その形態にはいくつかの種類があります。株式会社以外のスタイルについても、ひととおり確認しておきましょう。

株式会社以外の形も知っておこう

会社には4つの形態がある

現在は国内のほとんどの会社が株式会社（特別有限会社を含む）です。ただ、株式会社以外の形態もわずかながら存在しており、旧法のときからあった合資会社と合名会社に加え、会社法により合同会社が誕生しました（→P30）。つまり今の日本の会社には、株式会社・合資会社・合名会社・合同会社の4形態があります。

それぞれ何が違うのか

会社の形態を区別するおもな基準は、資金の集め方と社員（出資者）の責任範囲です。資金の集め方には、①株式を発行して1人以上の出資者に引き受けてもらう　②現金や財産を直接出資してもらう、という2つの方法があり

ます。株式会社は①、合資会社と合名会社、合同会社は②です。社員（出資者）の責任範囲とは、その会社が倒産したとき、債権者に対してどこまで責任を負うかという限界線のことです。①有限責任（出資額を放棄する以上の責任は問われない）　②無限責任（私財を投じてでも債務を完済しなければならない）、の2つに分かれます。株式会社と合同会社は①、合名会社は②、合資会社は①と②の混合型です。

合資会社と合名会社

合資会社と合名会社は、最低資本金の条件がない、設立手続きが簡単というメリットがありましたが、社員の責任が重いため実際の企業数はごく少数です。会社法の施行でメリットも特筆すべきレベルではなくなりました。

会社作りの
コトバ 3
WORD

持分会社

「もちぶんがいしゃ」と読みます。合資会社、合名会社、合同会社の3つをまとめた呼び方です。株式会社に対して、もっと小規模で自由な会社設計が可能な形態として会社法により整備されました。

4種の会社はココが違う

	株式会社	合同会社	合資会社	合名会社
最低資本金	0円〜			
社員	有限責任社員1名〜		無限責任社員 有限責任社員 各1名〜	無限責任社員 1名〜
代表者	代表取締役	社員（合資会社は無限責任社員）		
役員	取締役1名〜	不要		
定款	認証が必要	認証が不要		
登録免許税	15万円 または 資本金の0.7%	6万円 または 資本金の0.7%	6万円	

合資会社・合名会社のしくみと展望

合資会社

無限責任社員と有限責任社員からなり、社長たる自分以外に出資者を求める場合に適した形態。その自分以外の出資者が有限責任社員となる

会社法

設立にかかる手間の少なさと費用の安さが大きなメリットだったが、それも会社法により弱まった。今後、企業数が増えるとは考えにくい

合名会社

出資者全員が無限責任社員。各社員の責任が大きく、"仲間割れ"が経営危機に直結するため家族や親類同士で経営する小規模な会社がほとんど

株式会社のしくみ

株式会社という響きは誰でも聞いたことがあると思います。どのようなしくみで成り立っているのか、その発祥の歴史から見ていくことにしましょう。

資金を集めるためのシステム

起源は近世のヨーロッパ

　15世紀の後半以降、大航海時代に入ったヨーロッパは世界各地に船を出していきます。そのとき、アジア方面との貿易の拠点となったのが、列強各国の東インド会社です。そのうち、1602年に設立されたオランダの東インド会社が、世界初の株式会社であるといわれています。

　オランダ東インド会社は、航海貿易に必要な資金を効率よく集めるために、出資者のリスクを出資額までにとどめ、自分たちもその返済義務は負わないという方法を採りました。これはまさに有限責任、つまり株式会社の形式です。資金を持つ人と貿易（経営）ノウハウを持つ人、それぞれの需要と供給を一致させたというわけです。

株式の役割

　話を現代に戻しましょう。ある株式会社の規模が大きくなると、その会社の株式は発行数・株価とも大きくなります。この株式の流通を専門に行うのが、証券取引所です。もっとも、証券取引所で扱われるのはほんの一握りの大きな会社の株式で、国内の多くの株式会社には縁遠い存在といえます。

　証券取引所で自社の株式が流通するようになることを上場といいます。証券取引所の厳しい審査をパスしなければならないため、上場企業という肩書きは会社の大きなステイタスです。ただ、株式の買い占めで経営に悪影響を及ぼされたり、情報公開をしたくなかったりといった理由で、有名企業の中にも非上場企業は少なくありません。

会社作りの
コトバ **4**
WORD
証券取引所

株式をはじめ債券など有価証券の取引を行う場所で、各証券会社が会員となって構成されています。主要都市にある5カ所に加えて、新興企業を対象とするジャスダック証券取引所（東京）などがあります。

大きな特色　―所有と経営の分離―

所有（資本）

・お金を出します
・見返りに期待します
・経営は任せます

所有者＝株主

経営者

・お金が必要です
・利益を出します

経営者

小さな会社では
経営者＝株主
であることが多い

 資　金

 株　式

一部上場はなぜすごい？

一部上場	株式市場の主役ともいえる一部への上場は、大企業になったというシンボルでもある
二部上場	証券取引所の株式市場は、会社の規模により一部と二部に分かれる。中小の会社が二部
店頭公開	日本証券協会に登録され、証券会社の店頭で売買される株式を店頭公開株式という

主要証券取引所は全国に4カ所

従業員と取締役

これまで勤めていた会社を退職して起業する、という人も多いのではないでしょうか。今度は自分が取締役になって、従業員を迎える立場です！

"取締"役は何を取り締まるのか

そもそも取締役とは？

取締役といえば会社の"お偉いさん"というイメージですが、いったい何を「取り締まる」のでしょうか。

もともとは、会社のオーナーである株主に代わって、健全に運営されているかどうかを取り締まるのが取締役のまさに"役目"でした。しかし、取締役も経営陣の一員ですし、波風を立てて"取締役"という肩書きを失うのは避けたいもの。ですから、社長（代表取締役）と取締役の馴れ合い体質という状況が多いのが実状です。

とはいえ、国際競争力の強化という課題もあり、日本的な会社経営から脱却する傾向が強まっていることは、みなさんご存じのとおりです。社外取締役を置くなどして経営を引き締めてい

く動きは、これからますます増えるのではないでしょうか。

いろいろな肩書き

会社の人間は、経営側と従業員側の2つに分かれます。一般的な肩書きでいうと、普通はヒラから部長までが従業員で（法律上、社員とは出資者のこと）、監査役から上の肩書きになると役員、つまり経営側の人間です（部長職で取締役、という会社もあります）。

主任、係長、課長といった肩書きは広く知られていると思いますが、これらの肩書きに法律上の規定はありません。おもな役員のうちでも、法的に定義されるのは監査役・取締役・代表取締役の3つ。「常務取締役」「専務取締役」「社長」「副社長」といった肩書きは、慣習的に使われているものです。

会社作りの
コ ト バ 5
WORD
C.E.O.

最高経営責任者。Chief Executive Officerの略。アメリカ型企業における、取締役会に任命された執行役員のトップがC.E.O.です。近年、日本の企業でもこの肩書きが増えつつあります。

取締役の位置づけ

本来は…

株主

オーナーである
株主たちの
代わりに…

→

取締役

きちんと経営さ
れているかどう
か取り締まる

→

代表
取締役

実際は…

株主

信頼関係が稀薄
になりがち

←→

取締役

顔色うかがい

- - →

取締役と代表取
締役が馴れ合い
体質に

代表
取締役

これからは…

株主

信頼できる
社外取締役
を任命

→

社外
取締役

外部の人間
を迎えて馴
れ合い防止

→

取締役

代表
取締役

よく使われる肩書き

役　員

主任　係長　課長　部長　監査役　取締役　常務取締役　専務取締役　副社長　社長（代表取締役）　会長

司法書士が語る
基礎知識のコト

出資形態の違い
～株式と債券～

　会社の設立というよりは投資の話に近いかもしれませんが、株式会社が資金を調達する手段として、株式のほかに「債券」というものがあります。どちらも、有価証券を発行して（株式は株主からの請求がなければ発券不要ですが）まとまった資金を集める、という点では同じなのですが、有価証券としての性質に違いがあります。

　一番大きく違うのは、証券の値段についてです。株式の値段は常に変動する"時価"ですから、1年後にはどんな値がついているかわかりません（変動するからこそ、値上がりを狙う投資家が存在するわけです）。

　いっぽう、債券は「○○円の債券」と値段が決まっていて変動することはありません。必ず、買ったときのお金が戻ります。

　では、債券を買う意味は何かというと、お金が戻ってくるとき（償還といいます）、利子がついてくるのです。その代わり、買ってから償還までの期間が固定されていて、その間は換金することができません。

　また、株式を買えばオーナーの1人になりますが、債券にそのような性質はありません。

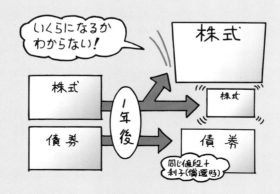

2

会社作りに必要な「モノ」と「コト」

事務所、従業員、事業計画、十分な時間……
必要なモノゴトをしっかり揃えましょう

会社作りの スケジュール

どんなに小さな会社でも、新会社が誕生するまでにはそれなりの時間と手間がかかります。必要な期間とおよそのプロセスを早めに把握しておきましょう。

決心から開業までどれぐらいの期間が必要?

準備期間に3カ月はみておく

会社法のおかげで、小さな会社の設立はそんなに難しいものではありません。とはいえ、新たに法人を生み出すわけですから、ある程度の時間と手間はどうしても必要です。

「よし、会社を作ろう!」と思い立った時点で、何らかのビジネスプランは持っているはずです。そこから、具体的なビジネスの内容、一緒に会社を興すメンバー、会社の名前、事務所の場所などを詰めていきます。こうしたプラン作りに、少なくとも2カ月ぐらいは費やしたいところです。

書類作成もコツコツと

会社を作るためには、さまざまな書類をさまざまな機関に提出しなければ なりません。どの書類も、提出の前日に慌てて用意できるようなものではないので、十分余裕を持って早めに準備しておきましょう。

会社の設立に必要なプロセスは大きく分けて3つです。まず、会社のルールを書いた定款を用意し、公証役場で認証を受けます(認証は問題がなければその場で完了)。続いて、定款を含む登記申請書類を法務局へ(登記完了まで3〜5日ほど)。それから、設立後に税金や社会保険などの各種届出をします。

これらの作業を、開業直前の慌ただしいなかでこなすことになりますから、くれぐれも記入もれや記載ミスなどがないよう、注意してください。書類が受理されず作り直し、となると時間と費用の大きなロスになります。

会社作りの コトバ 6
WORD

公証役場

公正証書(裁判の判決と同じ効力を持つ文書)などを作成したり、認証や確定日付を付与したりする機関。法律に精通した公務員(おもに退官後の裁判官)が公証人として業務を行います。

4月1日を設立日にしたい会社の一例

1月〜3月上旬

2〜3カ月の期間で入念に会社作りを計画する

・どんなビジネスをするのか

・会社名は何にするか

・どこに事務所を構えるか　　など

どんな事業？

社名は？

場所は？

準備期間

▼

3月

12	13	14	15	16	17	18	19	20	21	22	23	24	25	26	27	28	29	30	31
印鑑を注文する							印鑑ができあがる		定款の認証を受ける	登記書類を作成する		出資金を払い込む		調査報告書を作成する					

定款を作成する

▼

4月

1	2	3	4	5	6	7	8	9	10	11	12	13	14	15	16	17	18	19	20
登記申請をする					登記完了	登記事項証明書・印鑑証明書の取得						届出書類を作成する							届出をする（もっと期限が早いことも）

具体的な開業準備
・備品の用意
・従業員探し
　　など

営業開始！
・挨拶回り
・初期仕入
　　など

モノとヒトを
用意する

会社は、いわばモノとヒトが手を組んでカネを得ようと
する存在。自分の会社に必要なモノとヒトが用意できれ
ば、もう事業は成功したも同然です。

いい会社＝いい環境＋いい人材

事務所・機材・什器など

いざ会社を始めるとなると、いろいろな"モノ"が必要になります。仕事場である事務所、机やイス、家具類、電話回線などはどんな会社にも共通して必須のモノといえるでしょう。近年ではパソコンやプリンタも日々の業務に欠かせない設備です。

事務所を借りるときはもちろんのこと、家具やパソコンなど大きなモノを揃えていくのはかなりの出費になります。優先度の高い順に用意していき、すぐに必要でないと思われるものはしばらく買い控えてみると、結局買わずに済むこともよくあります。

そのほか、文房具など細かいモノは追々揃えていけばいいでしょう。小さな備品はそれほど値段も高くないので、最初にあれこれと買い揃えがちですが、やはり必要に迫られてから買うほうがベターです。

従業員を雇うとき

モノと並んで大切なのが、ヒト、つまり従業員です。「企業は人なり」という言葉もあるくらいに、どんな人間を雇うかは大きなテーマといえます。

なかには、社長1人だけで従業員のいらない会社もあるでしょうが、だいたいは徐々に人を雇っていくものです。自分の会社にはどんな人材がどれくらいの人数必要なのか、そしてどの程度なら給料を払えるのか。人件費は会社の支出において大きな割合を占める項目ですから、採用人数や給料の額は慎重に考えて決めるようにしましょう（→P188）。

会社作りの
コトバ **7**
WORD
レンタルオフィス

住居用の賃貸物件と違い、事務所としてすぐ使えるように設備を調えている物件。事業開始まで時間がないときや、短期間で終了することが決まっている事業を始めるときなどにメリットがあります。

どんなモノが必要？

事務所	机・イス	家具類（大テーブル、本棚、ソファセットなど）
電話回線	パソコン	コピー　ファクス　プリンタ
冷蔵庫	食器棚	業務用機材　業務用資料

…etc.

従業員を雇うときに注意したいこと

求人を出すとき	採用者に任せたい業務の内容と給料の額を、できるかぎり細かく明示する。「企画営業」「当社規定により優遇」といった曖昧な表現の募集では、敬遠する人のほうが多い
採用するとき	小さな会社では、採用時に契約書を交わすケースは稀だが、トラブル回避のためにもきちんと書面で契約を。また、職場のルールなどがあれば出勤初日にしっかり伝えよう
採用したあと	業務の能率的な遂行を期待するのは当然だが、会社の財産を育てるという気持ちも必要。一度採用したら簡単にはクビにできないし、ポンポンと人を変える社長に人望は集まらない

③ 事業計画を立てる

これから始めようとしているビジネスが、果たして本当にうまくいくのかどうか―。事業計画を立てることで、より客観的な推測が可能になります。

書面にしておけば何かと役立つ

とにかく文字にしてみる

会社を作ろうと思い立った時点で、ある程度はビジネスの青写真や事業計画が頭の中に描かれているはずです。しかし、それで「よし、事業計画を立てたぞ」とはなりません。その計画が合理性を備えているかどうか、頭の中にある事業計画を文章でまとめてみましょう。いざ書いてみると、これがなかなかスムーズにはいかないものですし、書くことによって今まで思いつかなかったようなアイデアが生まれたり、あるいは不足要素などが明らかになったりというメリットもあります。

どんな要素で書くか

さて、その書き方ですが、ワーッと1つの文章で書いてしまうのはNG。

計画書は書いたあとに読み直したり、加筆訂正したりすることも大切ですから、1つの文章ではどこに何が書いてあるかわかりにくく、計画書として機能的ではありません。「起業理由」「事業概要」「資金概要」などいくつかの要素で区切り、箇条書きのような感じで書き込んでいきましょう。

事業計画書が必要なことも

開業後、公的機関や銀行などに融資を申し込むことがあるかもしれません。申請をするときは、自分たちがどんな会社なのかを融資元に説明する必要があります。その際、だいたいは事業計画書の提出を求められますから、たとえ今は融資申請の予定がなくても、あらかじめ事業計画書を作成しておけば直前に慌てずに済みます。

会社作りの
コトバ **8**
WORD
リスクマネジメント

危機管理。天災や人災のリスクに対する備えのことです。会社経営においても、商品が売れない、仕入れが滞ってしまった、などさまざまなリスクを想定して対応策を用意する必要があります。

事業計画を立てるときのおもな要素

起業理由

会社を作って事業を始めようとした理由。なぜ"成功する"と確信したのかを文章にする

事業概要

どんな事業なのか、何を誰にどうやって売るのかを大まかに書く。誰が読んでもスムーズに趣旨が理解できるようにまとめたい

資金概要

用意できる資本金の額や借入金のメド、初期費用、期待できる利益の試算など

事業詳細

たとえば物販なら商品の名前や価格、宣伝方法、販売規模、販売ルート、仕入ルートなど、具体的な事業内容を詳しく書く

課題事項

現時点で把握している課題や、事業開始後に発生すると予想されるトラブルなど。解決策、回避方法もできるだけ早く検討しておく

補足事項

全体の備考欄のような意味合いで、補足があれば書く

会社概要

会社の正式名や住所、連絡先などをまとめておこう

許認可が必要な事業

さまざまな業種のなかで、国や地方自治体などのお墨つきがないと営業できないものがあります。あなたが予定している事業に許認可は必要ないですか？

申請先もまちまちなので注意すること

設立前に必ず確認

　喫茶店やレストランなどに行くと、店内の壁に営業許可証がかけてあるのを見かけます。そのような飲食関連の事業以外にも、勝手に商売を始めてはいけない事業がいくつか決められています。ですから、もし非常に成功率の高いビジネスを思いついたとしても、それが許認可を必要とする業種に該当していたら、まずはその許認可を得なければ何も始まらないというわけです。

　許認可には会社法とは別に業種ごとの法律が関係してきます。会社を設立した後で許認可が必要なことに気づいた、なんてことにならないよう、自分がやりたい事業に許認可が必要かどうかは、設立準備の段階で調べておくようにしましょう。

許認可の種類

　おもな許認可の種類と対象となる事業、申請先は右ページのとおりですが、ひとくちに許認可といってもいくつか種類があります。

　一番やっかいともいえるのが許可です。許可という言葉は「本来は禁止だけれど、特別に許す」といった意味ですから、申請をしても"断られる"可能性があるのです。もっともそれは、人々の暮らしに深く関わる重要な業種だからにほかなりません。

　許可と同じく、免許と認可にもそれぞれ審査があります。満たすべき条件をチェックし、クリアしましょう。

　登録と届出はとくに審査はありませんので、必要書類を所轄の機関に提出すればOKです。

会社作りの
コトバ **9**
WORD

条例

国とは別に、都道府県や市町村などの地方自治体が独自に定める法律。許認可に関しては、たとえ同じ業種でも、地域が違えば許認可の要不要や審査基準の厳しさが変わってくるので注意が必要です。

おもな許認可事業と申請先

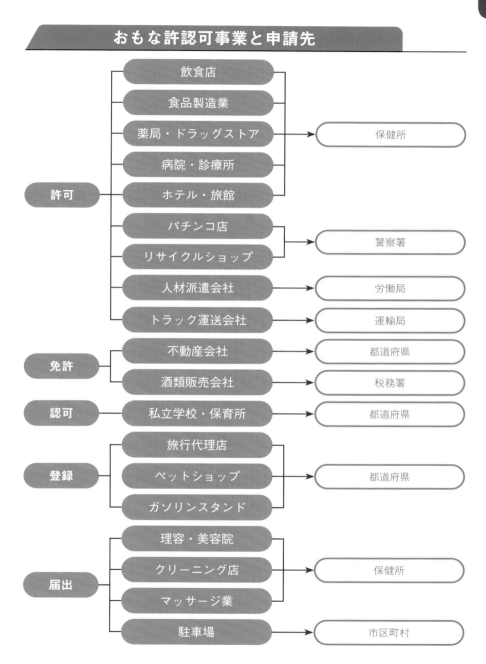

許可	飲食店	
	食品製造業	
	薬局・ドラッグストア	保健所
	病院・診療所	
	ホテル・旅館	
	パチンコ店	警察署
	リサイクルショップ	
	人材派遣会社	労働局
	トラック運送会社	運輸局
免許	不動産会社	都道府県
	酒類販売会社	税務署
認可	私立学校・保育所	都道府県
登録	旅行代理店	
	ペットショップ	都道府県
	ガソリンスタンド	
届出	理容・美容院	
	クリーニング店	保健所
	マッサージ業	
	駐車場	市区町村

お金の動きを予測する

設立手続き、開業準備、商品の仕入れ、代金の入金などなど……。会社のお金がどんな動きをするのか、なるべく長期的な視点で予測しておきましょう。

計画性と合理性を追求しよう

少し先を見据えて

「株式会社を作るには資本金1000万円が必要！」という高いハードルは、会社法によって取り除かれました。とはいえ、設立手続きや開業準備、営業開始から最初の入金があるまでの運転資金など、新たな会社の誕生には何かとお金がかかるものです。

「当面、これくらいかかりますよ」と計算できる機械でもあれば楽なのですが、はっきり金額がわかるのは設立手続きの費用や初期投資の額くらいですし、その会社の規模や業種によってそれも違ってきます。開業後しばらくの必要経費については、情報を集めたり世間の相場から判断したりして、推測するしかありません。数カ月先、半年先、1年先、数年先といろいろな期間をイメージして、会社のお金がどのように動くのか予測しておきましょう。

限りある資金を大切に

起業というのは、資金繰りに苦労するのが常です。ただでさえ懐が寂しい状態ですから、入金と出金のタイミングをしっかり把握しておかないとたちまち資金不足に陥ってしまいます。そこで、限られた資金を必要な使い道に振り分け、資金不足になる部分や、反対にもう少し節約できる部分を明らかにしましょう。お金が絶対的に不足しているのなら、すぐ金策に走らなければなりませんし、節約できる部分が見つかれば、それはほかの部分に回す余裕となります。不足部分と節約可能部分がちょうど補い合ってうまくいく、なんてこともあるかもしれません。

会社作りの コトバ **10** WORD **コストパフォーマンス**	価格に対する品質や性能を示す言葉。価格（から期待されるレベル）以上の価値があれば「コストパフォーマンスが高い」、逆に価格に見合わない場合は「コストパフォーマンスが低い」と表現されます。

長期的な視点でお金の動きを推測

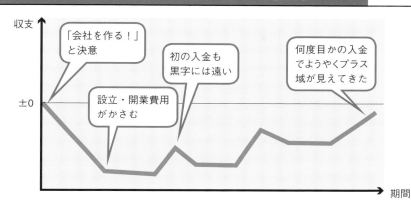

収支

「会社を作る！」
と決意

設立・開業費用
がかさむ

初の入金も
黒字には遠い

何度目かの入金
でようやくプラス
域が見えてきた

±0

期間

開業前後2〜3カ月の視点

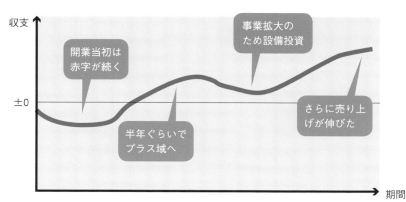

収支

開業当初は
赤字が続く

事業拡大の
ため設備投資

さらに売り上
げが伸びた

±0

半年ぐらいで
プラス域へ

期間

開業後2〜3年の視点

┤未来の社長におくる├─ ミ ─ 二 ─ 知 ─ 識 ─ 2 ─┤

社長の財布は
会社の資本？

もちろん答えはNO。小さな会社では社長の財布と
会社の金庫が一緒くたになりがち。経理の作業が面
倒になるだけなので、普段からきちんと分けておき
ましょう。

きちんと区別！

登記と届出

登記は設立を申請する手続きで、届出は設立が完了したことを税務署などに報告する手続き。必要書類をもれなく準備して、すみやかに済ませましょう。

"なる"手続きと"認めてもらう"手続き

法人の出生届のようなもの

会社は法人、つまり法律上の人間という位置づけです。人間は生まれたら出生届を提出して戸籍が与えられますが、登記と届出はそれを会社に当てはめたようなものです。

登記とは、会社の設立を申請する手続きで、申請先は法務局。申請が受理されて登記が完了したら会社が誕生しますので、続いてさまざまな届出をして新会社が生まれたことを報告します。おもな届出先は、税務署や地方自治体、社会保険事務所などです。

登記は会社に"なる"ための手続き、届出は会社として"認められる"ための手続きといえます。

また、許認可が必要な事業なら、それぞれ所轄の機関や団体などに申請や届出などをして、許認可を得る必要があります（→P60）。

必要書類が多いので注意

出生届と同じ意味合いとはいいましたが、登記と届出に必要な書類の数は赤ちゃんの場合とは比べものになりません。登記には設立登記申請書から始まって定款や各種証明書・調査書の類が必要ですし、また届出はいくつかの機関にそれぞれさまざまな書類を提出することになります。

登記書類の一部には、とくに書式が決まっておらず（書き込み用の原紙などがない）、白い紙に自分で作成するものもあります。ゼロから作成するには大変な手間がかかりますが、基本的にどの書類も慣習的な作成例に沿って書くものなので、心配は無用です。

会社作りの
コトバ **11**
WORD
登記所

登記をする所＝法務局（支局や出張所含む）のこと。登記所という名前は登記法上の呼び名で、行政機関としての名称は法務局です。厳密にいえば、登記所という機関は存在しないことになります。

必要な書類と提出先一覧

登記

- ・設立登記申請書→P124
- ・収入印紙貼付台紙
- ・定款→P90〜
- ・払込証明書(募集設立は払込金保管証明書)→P128
- ・調査報告書→P130
- ・印鑑証明書→P134
- ・就任承諾書→P132
- ・電磁的記録媒体(登記すべき事項を書き込む)→P126
- ※印鑑届書→P134
- ・本人確認書類　　など

法務局

届出

- ・法人設立届出書→P154
- ・青色申告の承認申請書→P156
- ・棚卸資産の評価方法の届出書→P158
- ・減価償却資産の償却方法の届出書→P160
- ・給与支払事務所等の開設届出書→P162　　など

税務署

- ・法人設立届出書→P154、166

都道府県
税事務所、
市町村役場

- ・新規適用届→P169
- ・被保険者資格取得届→P172
- ・健康保険被扶養者(異動)届→P173
- ・国民年金第3号被保険者に関する届
- ・登記事項証明書　　など

社会保険
事務所

- ・労働保険関係成立届→P174〜175
- ・労働保険概算保険料申告書→P174〜175

労働基準
監督署

- ・雇用保険適用事業所設置届→P176〜177
- ・雇用保険被保険者資格取得届→P176〜177

ハロー
ワーク

※登記の申請をオンラインで行う場合は、印鑑届書の提出は任意(令和3年2月15日〜)。

設立時の費用

株式会社を設立するときの "資本金1000万円" という制限はなくなりましたが、最低限必要な設立費用はおよそどれぐらいなのでしょうか？

0円でもOKなのはあくまで資本金のこと

"20万円＋α" は絶対に必要

会社法の施行に先駆けて、近年いわゆる1円会社というものが話題を呼びました。設立時の資本金額を実質不問にして起業を促したわけですが、資本金の最低額規制がなくなっただけで、「手元に1円あれば会社を作ることができる」ということではありません。「（資本金が）1円でも会社を作ることが法律上は可能」なだけです。

さて、株式会社を設立するときの費用についてですが、最低でも20万円＋α（数千円）は必要です。登記に必要な定款の認証で5万円※（電子定款以外はプラス収入印紙代4万円）、登記申請用の手数料1枚250円、だいたい8枚で2000円、登記時の登録免許税が15万円（または資本金の0.7％の額。

高いほうを採る）。

さらに、印鑑を作ったり、各種証明書を取ったりするのにもお金がかかりますし、ハンコ屋さんや区役所などに出向くときの交通費も必要です。

代行報酬は高い？ 安い？

司法書士は、会社設立の代行をおもな業務のひとつにしている専門家ですから、彼らに代行を依頼すれば確実です。ただ、それなりの報酬額は生じるので、自分の予算や依頼先の見積もりなどを総合して依頼します。15万円くらいは覚悟しておくべきですが、自分で設立手続きをする時間がまったくない人なら高くない額でしょう。逆に、本当は自分で済ませられる知識・環境にありながら代行を依頼したのなら、15万円は痛い出費です。

会社作りの
コトバ **12**
WORD
収入印紙

お金の授受が発生する文書に課される税金を印紙税といい、収入印紙はその納付のために貼る紙片です。授受金額に応じて、1円から10万円まで31種類の収入印紙があり、郵便局などで購入します。

会社設立にかかるおもな費用

印鑑	各種印鑑製作代	1万円前後	契約用や銀行用、日常用など何種類か必要
定款	収入印紙代	4万円	電子定款の場合は貼る必要はない
	認証手数料	5万円※	公証役場で支払う。この額も全会社共通
	謄本交付手数料	250円／枚	定款が分厚くなるほど料金も高くなる
払込み	払込金保管証明書発行手数料	払込金の0.25%前後	これは募集設立の場合のみ必要な費用
登記	登録免許税	15万円	または資本金の0.7%。高いほうの額を支払う
届出	登記事項証明書発行手数料	480〜600円／枚	必要な場面の多い書類。5通ぐらい取っておく
	印鑑証明書発行手数料	390〜450円／枚	登記事項証明書よりは必要枚数が少ない書類
その他	会社設立代行報酬	10万円前後	会社の規模や依頼先によって料金は変わる
	交通費など	1〜2万円	申請先や届出先に出向くときの電車賃など

※資本金100万円未満の場合は3万円、100万円以上300万円未満の場合は4万円

登記事項証明書と印鑑証明書は窓口かオンラインかで手数料が異なる

全部で　　　　　　円

あらかじめ、いくらくらいかかるか計算してみましょう

未来の社長におくる ミニ知識 3

代行報酬の額はどのように決まる？

会社設立の代行は司法書士への依頼が一般的。どこまで代行するかによって、報酬額は変わります。報酬額の公的基準はなく、各事務所に独自の報酬基準があります。

開業時の費用

めでたく開業にこぎつけた新会社には、初期費用がかさむ我慢の日々が待っています。仕入費や人件費など、入金ゼロでもお金はしっかり出ていきます！

利益が出始めるまで持ちこたえよう！

開業月は最も出費の大きな月

会社設立の手続きが無事終われば、いよいよ開業を迎えるわけですが、この最初の月は、その会社にとって最も出費が大きな月といえます。なぜなら、2カ月目、3カ月目以降ずっと続く毎月の出費に加えて、開業時にだけ必要な費用もかかるからです。

例えば、事務所の家賃は毎月同じですが、契約時には保証金（敷金）や礼金、不動産会社が仲介していればその仲介手数料なども支払います。さらに、物件を借りただけでは仕事になりませんから、事務机や会議用テーブル、パソコンなどを揃えることになります。

仕入れと販売がある会社なら、会社設立時は当然売上額がゼロですから、初期の仕入れにかかる代金は資本金でまかなわなければなりません。

そのほか、従業員がいれば人件費も大きな出費ですし、社長である自分の生活費も忘れてはいけません。

固定費の6カ月分が目安

一般的に、開業するにあたって固定費の6カ月分は用意しておくべきといわれています。固定費とは毎月一定額で出ていく費用のこと。家賃、人件費、光熱費、通信費などです。固定費に対する言葉は変動費といい、仕入費や交際費、また従業員の残業代のような臨時の人件費などをさします。

仮に開業直後から注文が殺到したとしても、業種によってはその代金の入金がかなりズレ込むことがあります。入金と出金のスケジュールは細かく把握するよう心がけましょう。

会社作りの
コトバ **13**
WORD

交際費

職務上の付き合いに必要な費用。おもに、取引先や得意先への接待費をさします。原則として損金不算入ですが、資本金1億円以下の会社なら、600万円までの交際費の90％は損金（必要経費）にできます。

開業にかかるおもな費用

開業前	保証金（敷金）	円	事務所用物件の保証金はかなり高額になる
	什器など	円	商品陳列用の棚など業務用の家具全般をさす
	通信環境の整備	円	IT関連の会社なら充実した環境が必要
	引っ越し、内装工事	円	数社に見積もりを出させて安く済ませたい
開業後 固定費	家賃	円	立地や広さによってかなり差が出る費用
	人件費	円	一度決めた給料の額は普通は下げられない
	光熱費	円	光熱費は一般家庭に比べてかなり高くなる
	通信費	円	電話やファクス、インターネットなどの料金
	リース料	円	コピー機やパソコンなどのリースは一般的
	旅費交通費	円	従業員が増えるにつれて出費が大きくなる
	返済金	円	借入金の毎月の返済額。遅延は絶対に避ける！
	消耗品費	円	筆記用具やコピー用紙といった事務用品など
	福利厚生費	円	コーヒーやトイレットペーパーなどの購入費
変動費	仕入費	円	材料など業務に必要なモノを仕入れる代金
	交際費	円	小さな会社でもある程度の接待費は見ておく
	人件費（残業代）	円	サービス残業は従業員のヤル気を削ぎやすい

全部で _____ 円

見積もりなどを利用して具体的な数字を書き込んでみましょう

9

2つの設立形式

株式会社の設立形式には、発起設立と募集設立という2種類があります。大規模な起業など、とくに理由がなければ発起設立で行うのが一般的です。

小さな会社はほとんどが発起設立で作られる

株式の引受けに違いが

会社を設立するには、2つの形式があります。何の違いかというと、株式会社は株式の引受けによって資本金を集めますが、その引受け方法の違いです。そして、それぞれ設立手続きで必要な内容も変わってきます。

設立時の発行株式を発起人がすべて引き受ける形式を、発起設立といいます。発起人は必ずいくらかの出資をしなければなりません。そして、発起人以外の人から出資を受けずに、発起人だけで資本金の全額を出資します。たとえば、1人で会社を作る場合は自分1人が発起人ですから、必然的に発起設立で会社を作ることになります。

発起設立は次に紹介する募集設立に比べて設立手続きの手間と費用が少な

く、小さな会社はほぼ発起設立です。

募集設立は大会社向き

もう1つの形式を、募集設立といいます。これは発起人以外の人からも出資をしてもらう方法で、出資者（株主）を広く募集することから募集設立と呼びます。

そう多くはないですが、もし最初から大きな規模で会社を作るような場合は、発起人だけで資本金の全額を出資するのは大変です。また、募集設立は発起人としての責任を負わずに出資できるので、「発起人にはなりたくないが出資はしたい」という人の希望を叶えることができます。

資本金の払込みなどに関して手続きが複雑なので、その点でも小さな会社の設立には向かない形式といえます。

会社作りの
コトバ **14**
WORD
発起人

会社の設立を企画して、その設立手続きを行う人。1人以上何人いても構いません。必ず1株以上の株式を引き受けるので、発起人は出資者（株主）でもあります。定款には記名して実印を押します。

発起設立と募集設立はココが違う

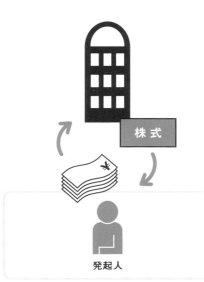

発起設立

株 式

発起人

発起人が100%出資する

カンタン

預金通帳などでOK

手続きが楽だから
小さい会社に向く

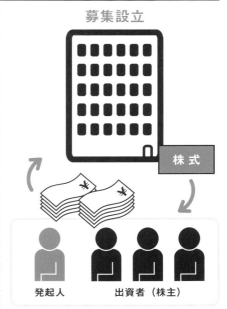

募集設立

株 式

発起人　　　出資者（株主）

発起人とほかの出資者が共同出資する

手続きが面倒…

払込金保管証明書が必要

多くの資金を集められる
から大きな会社に向く

未来の社長におくる ミ ニ 知 識 4

募集設立の存在意義

発起設立だけにしてもそれほど支障はないのではという理由から、募集設立をなくす議論もありましたが、大規模な起業へのメリットを考慮し、募集設立の規定は残りました。

印鑑を作る

会社名義の印鑑には、会社の実印である代表者印をはじめいくつかの種類があります。設立登記に必要な個人の実印も忘れずに作っておきましょう。

期間に余裕を持って早めに準備

会社の印鑑は数種用意

個人でも何か契約書を交わすときには名前の横に印鑑を押すことが多いものです。会社も法人つまり"法律上の人間"ですから、さまざまな契約などには印鑑が必要になります。

会社の印鑑にはいくつかの役割があり、それぞれ違う印鑑を作ります。まず、一番大切なのが代表者印。会社の実印として、いろいろな届出や重要な契約書類などに押すものです。サイズの規定があるので、ハンコ店へ行ったら「法人の実印用」とはっきり伝えて作ってもらいましょう。また、代表者が2名以上いる場合でも代表者印はひとつあれば問題ありません（ただし、2名で同一の印鑑を届けることはできません）。

続いて、銀行印と角印。銀行印は金融機関で口座を開くときに使うもので、代表者印でも代用できますが分けておくと安全です。角印は社判ともいい、請求書や領収書など代表者印を使うほどではない書類で使います。

会社名のほかに住所や電話番号などを入れたゴム印も、あると便利です。

発起人の個人印も忘れずに

登記申請の必要書類である定款を書面で行う場合は、発起人と設立時の代表者の記名と押印が必要です（電子認証は不要）。発起人と、代表者になる予定の人は自分の実印を作っておきましょう。代表者印は登記申請時の印鑑届書によって実印となりますが、定款に押印する発起人らの実印はその前に用意しておかなければなりません。

会社作りのコトバ **15** WORD **実印**	住民登録をしている市区町村の役場で印鑑登録を済ませた印鑑。その印鑑が実印であると証明するのが印鑑証明書（正式には印鑑登録証明書）です。通常は氏名ですが、下の名前だけの印鑑も実印にできます。

※オンライン登記の場合、印鑑届書の提出は任意だが、
代表者の印鑑証明書が必要なら届け出が必要。

会社の印鑑を作る

代表者印＝会社の実印

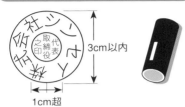

3cm以内

1cm超

1辺が1cm超3cm以内の正方形に収まるサイズと決まっている

銀行印＝金融機関に届ける

とくにサイズの規定はない。代表者印で代用することもできる

角印＝通常業務用

請求書や領収書など、通常の業務で社判として押す大きめのハンコ

ゴム印＝封筒などに押す

〒123-4567
東京都○○区○○1-2-3
株式会社シンセイ
TEL00-0000-0000　FAX00-0000-0000

縦書きや横書き、代表者の役職と名前入りなどもあると便利

個人の印鑑を作る

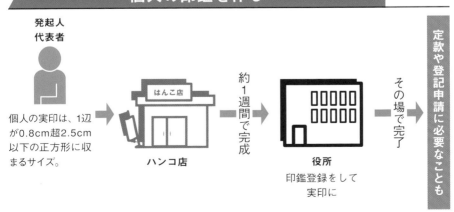

**発起人
代表者**

個人の実印は、1辺が0.8cm超2.5cm以下の正方形に収まるサイズ。

ハンコ店

約1週間で完成

役所
印鑑登録をして
実印に

その場で完了

定款や登記申請に必要なことも

73

専門家の力を借りる

法律関係なら司法書士や行政書士、お金のことなら公認会計士や税理士。それぞれの得意分野を生かし、会社の設立と経営を支えてくれるパートナーです。

報酬との兼ね合いで上手に利用

会社設立時だけじゃない

新しく会社を作ろうとすると、どうしてもある程度複雑な書類をあちこちに提出することになります。そのような税金や法律に関する手続きは、何も会社を作るときだけ必要なものではありません。会社には事業年度末ごとに決算をする義務があるので、どの会社も通常業務と並行して経理の作業が必要なのです。

経理専門の部署は、小さな会社ではなかなか作ることができません。やむを得ず、社長が経理を兼ねている会社が多いのが現実です。そこで、経理業務に足を引っ張られて本来の仕事がはかどらない、と本末転倒なことにならないよう、専門家の力を借りている会社も少なくありません。

それぞれに得意分野がある

ひとくちに専門家といっても、何が中心業務なのかはまちまちです。

会社の設立手続きに強いのは司法書士で、法人に限らず登記全般の代行業務がメイン。さまざまな許認可や届出の代行なら、行政書士がおもな業務としています。公的な文書を作成するときも大いに力になってくれます。

公認会計士は法人会計のエキスパート。中規模以上の会社と多く顧問契約を結んでいて、お金の面だけでなく経営全体のコンサルティングもこなします。反対に、小さな会社がよくお世話になるのが税理士です。普段の経理業務から決算、確定申告の手続きまで、頼れるサポーターとして力になってくれる存在といえます。

会社作りのコトバ **16** WORD	国の法律により与えられる資格です。そのうち、業務を行うための必須条件である資格を「業務独占資格」といい、試験も最難関といわれる弁護士や司法書士、公認会計士などがこれに当たります。
国家資格	

小さな会社がお世話になるおもな専門家

司法書士
全国に22488人
（平成30年4月）

おもな業務
○簡易裁判所に
　おける訴訟代理
○不動産登記
○商業・法人登記

行政書士
全国に46915人
（平成30年4月）

おもな業務
○許認可・届出
○商業・法人許認可
○公文書作成

法律に強い

公認会計士
全国に30346人
（平成30年4月）

おもな業務
○財務諸表の
　監査・調製
○税務指導・申告
○経営コンサルテ
　ィング

税理士
全国に77083人
（平成30年5月）

おもな業務
○税務代理
○税務書類作成
○税務相談

お金に強い

¥

※各人数は法人を除く。公認会計士は四号準会員を含む

未来の社長におくる ミニ知識 **5**

公認会計士と税理士の違い

どちらも会社のお金に関する専門家ですが、公認会計士は税理士としての業務も行うことができます。いっぽう、税理士は公認会計士の業務をすることはできません。

税理士の業務もOK！ 公認会計士

公認会計士の業務は行いません 税理士

司法書士が語る
起業準備のコト

世界でも稀な
ハンコ社会・
ニッポン

日本は世界でも稀なハンコ社会といわれています。例えば欧米では直筆のサインが本人の証明です（「その人がサインをしているところを見た」という立会人のサインが必要なこともあります）。一方、日本ではさまざまな場面で押印が必要になってきます。

ところが、令和3年2月15日から法令上押印が必要なものと、

印鑑証明書の添付が必要ではない書面での押印が不要となりました。会社設立にまつわる書類についてもかなりのものが押印不要となっています。

とはいえ、会社の代表者印や代表者の実印はさまざまな場面で必要です。事務所や店舗を借りるときや、金融機関から融資を受けるときなどで、印鑑証明書の提出を求められることは多々あります。官公庁が不要であっても、民間企業ではまだまだハンコ社会が続いているのです。

ちなみに、日本とお隣の韓国だけがハンコ社会ともいわれていますが、印鑑の発祥は東アジアではなく、5000年前のメソポタミア文明が起源だといわれています。

3

お金の集め方

会社の設立と経営には何かとお金が必要です
いろいろな資金調達法を知っておきましょう

国から借りる

融資を受ける方法はいくつかありますが、融資額の多さと信用度から考えると、日本政策金融公庫をはじめとする国の政府系機関がベストでしょう。

基本的に"起業"は追い風

日本政策金融公庫とは

会社を運営していくとき、どこからか融資を受けるのは決して珍しいことではありません。融資＝借金なので抵抗のある人もいるかもしれませんが、中小企業への融資をおもな業務にしている国の機関もあり、多くの会社が利用しています。

その代表的存在が、日本政策金融公庫です。小さな会社が民間の金融機関に融資を申し込んでもなかなかパスできませんが、日本政策金融公庫はそんな中小企業の強い味方。さらに、銀行などに比べて金利が低いというのも大きなメリットとなっています。

まずは相談窓口へ

融資申請の手順は、①全国各地の窓口で相談（東京、大阪、名古屋には相談専門窓口があります）　②登記事項証明書など必要書類を添えて申込書を提出　③担当者との直接面談　④（融資が決定したら）契約書を提出　という段取り。申し込みから融資実行までは長くても1カ月程度です。

そのほかの融資

日本政策金融公庫は、国民生活金融公庫、中小企業金融公庫、農林漁業金融公庫、国際協力銀行が統合して設立されたものです。右ページで紹介した融資のほかに、廃業した事業に再チャレンジする人向けのものや、第二創業する人向けのものもあります。また、経営が悪化したときや、取引先が急に倒産したときなどに使えるセーフティネット貸付もあります。

会社作りの
コトバ **17**
WORD

担保

「返せなかったときの保証品」として、借りる側が貸す側に提供するもの。おもに土地や建物などが担保となります。保証そのものという意味もあり、また「抵当」もほぼ同じ意味で使われます。

日本政策金融公庫の起業支援融資

	新規開業資金		女性、若者／シニア起業家資金
利用資格	・これまで6年以上継続して従事した職種で起業 ・就業前の習得技能を生かす職種に2年以上従事し、かつ同じ職種で起業 ・多様なニーズに対応する工夫豊かな事業を開始 ・雇用の創出をともなう事業を開始 ・上記のいずれかに該当し、かつ事業開始後5年以内		・女性 ・35歳未満または55歳以上 ・上記のいずれかに該当し、かつ事業開始後7年以内
融資額	運転資金 4800万円以内	設備資金 7200万円以内	同左 （設備資金の利率には 特利A・Cが加わる）
返済期間	7年以内（うち据置期間2年以内）	20年以内（うち据置期間2年以内）	
利率	基準利率	基準利率、特利有	
担保・保証人	要相談		

※特利＝状況により適用される低利率

	新創業融資制度
利用資格 （すべてに 該当 する人）	・新規開業または税務申告2期未満 ・雇用を創出・多様なニーズに対応・勤務経験や修得技能を生かすのいずれかに該当。女性小口創業特例あり ・開業資金の10分の1以上の自己資金がある（税務申告前の場合）
融資額	3000万円（運転資金1500万円）
返済期間	各融資制度で定める返済期間
利率	要問合せ
担保・保証人	不要

地方自治体から借りる

都道府県の中小企業向け融資は、各自治体・民間の指定金融機関・信用保証協会の三者が連携して行います。どのようなしくみなのか、見てみましょう。

保証人になってくれる機関がある

信用保証協会とは？

国だけでなく、各都道府県も金融機関を通じて融資を行っています。各地方自治体と民間の金融機関、そして信用保証協会という機関の３つが連携して行われる融資です。

信用保証協会は各都道府県に置かれている国の機関で、融資を希望する中小企業の"保証人"になってくれるところです。もちろん誰でも申し込めば即保証というわけではなく、会社の財政状況や経営者の人間性、融資額の使い道などを審査されます。信用保証協会に対しての担保や保証人（普通は代表者）、保証料も必要です。信用保証協会の窓口に直接出向くのではなく、取引のある銀行などに相談して取り次いでもらうことが多いようです。

3機関の連携融資

地方自治体と信用保証協会、金融機関の相関関係は右ページのとおり。融資の流れは、①金融機関や地方自治体の窓口に相談する　②各都道府県にある信用保証協会の保証を得る　③保証が得られれば、指定金融機関からの融資が可能になる　となります。金融機関への返済が滞った場合は信用保証協会が代わりに返済し、会社はその立て替え額を信用保証協会へ返済します。

また、地方自治体によっては利子補給という支援を行っているところもあります。融資につく利子の一部を、地方自治体が負担してくれるものです。起業支援を含むいろいろな融資で実施されていますので、対象条件を含めて役所の窓口に問い合わせてみましょう。

会社作りの
コトバ **18**
WORD
保証人

借金などをした人が返済できないとき、"身代わり"になって返済義務を負う人。なかでも連帯保証人は本人の返済能力を検証する権利すら持ちません。借金の保証人といえば大半は連帯保証人です。

信用保証協会の立場と役割

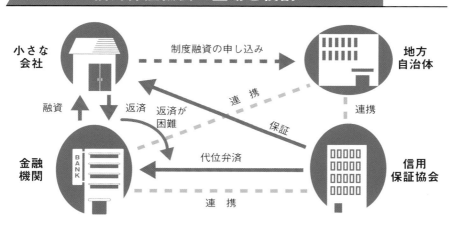

地方自治体の開業向け制度融資

例：東京都の創業支援融資

対 象	①現在事業を営んでいない個人で、創業しようとする具体的な計画がある ②創業日から5年未満の中小企業や組合など
金 額	3500万円（その他規定あり）
期 間	設備資金10年以内、運転資金7年以内（どちらも据置期間1年以内を含む）
利 率	固定金利か変動金利を選択

┤未来の社長におくる├─ミ─ニ─知─識─ 6

信用保証制度対象外の人・業種

融資の返済に延滞経験がある人や、法的な手続きの最中にある人など。業種としては、農業・漁業、風俗業、金融業などが対象外。都道府県により基準は多少異なります。

民間の金融機関から借りる

銀行などから単独で融資を受けるには、会社にそれなりの実績が必要です。窓口となる担当者との良好な関係も、融資には欠かせないポイントです。

いきなり融資してくれるトコロはまずない！

基本的には高い壁

銀行や信用金庫など、民間の金融機関の単独融資は非常に困難。設立直後の会社が、初めて足を運ぶ銀行で融資を即決される可能性はほぼゼロです。

金融機関から融資を受けるには、その銀行なら銀行との信頼関係を築く必要があります。信頼関係は長期間の取引から生まれるので、会社の口座を開く段階から融資への道がスタートしているともいえます。また、地方自治体の制度融資も金融機関が取り次ぐことが多いですから、その融資を完済することも大きな取引の実績となります。

金融機関にもいろいろありますが、地元に密着した地方銀行や信用金庫のほか、メガバンクもインターネットバンキングの普及で機能性がアップして

いるので、それぞれに口座を開いておくといいかもしれません（→P148）。

担当者との関係が肝心

会社として口座を開けば、個人預金者とは違って固定の担当者がつきます。その金融機関との付き合いは、すなわち担当者との付き合い。仲良くなっていい関係を維持することが重要です（担当者が転勤しても評価は残ります）。担当者にもノルマがありますから、ときにはノルマ達成に協力してあげましょう。また、自分の業界の最新情報を提供してあげれば、「○○銀行の○○さんは情報通」という評判にもつながるでしょう。そうなれば、「自分によくしてくれた会社に何とか融資をしてあげたい」と思うのが道理。稟議書の通りやすさも違ってきます。

会社作りのコトバ 19 WORD

稟議（書）

会議の手間を省くため、承認が必要な議案を書面にして、回覧板の要領で各責任者に回して承認を得ていく方法（その書面）。「りんぎ」は慣用的な読み方で、もともとは「ひんぎ」と読みます。

単独融資までの道のり

会社用の口座を開く

会社の実状に合わせて金融機関を選び、会社名義の口座を開く

取引を開始

公共料金の支払いや制度融資の取次ぎなど、付き合いを重ねる

担当者と信頼関係を築く

金融機関の担当者と仲良くなれば、融資の相談もしやすくなる

ついに単独融資！

業務拡大＆利益拡大へ！

金融機関から融資を受けるには

STEP 1	STEP 2	STEP 3
会員になる	**アピールする**	**融資なるか？**
自分の会社がある街の信用金庫へ出向き、窓口で会員になりたい旨を告げる。規定の出資金1口以上が必要になるのでそれを支払う。信用金庫により違うがおよそ1万円前後	普通預金の口座を作ったら、公共料金の自動引き落とし口座にしたり、定期預金を始めたりして、「今後も長く付き合いますよ」「堅実な人間ですよ」という点をアピールする	担当者との信頼関係が生まれてきたら、預金が起業資金だと打ち明けて融資の相談を持ちかけてみよう。それまでのアピールや具体性のある事業計画などを総動員して臨みたい

助成金を受ける

知ると知らぬでは大違い？　返済義務がなくタダでもらえる助成金は、申請がパスすれば大きな資金援助となります。受給条件をしっかりチェック！

もらえるものはもらっておこう！

助成金は原則タダ！

公的機関からの融資に比べてマイナーな存在といえるのが助成金です。助成金は申請条件や必要書類がかなり複雑なため、利用する中小企業はあまり多くありません。しかし、受給した額は返済の必要がなく、そっくりそのまま会社のお金になるという大きなメリットがあります。自分の会社が受給資格を満たしているとしたら、これを見逃す手はないでしょう。

起業を活発にするというのが近年の風潮であり、会社法によって設立手続きがいろいろと簡略化されたのもその表れです。起業をサポートするための助成金はいくつかありますから、アンテナを広げてこまめに情報収集をしておきましょう。

起業支援の助成金

なかなか受給しにくい助成金ですが、厚生労働省が独立行政法人などを通じて行っている助成金は受給できる可能性が高いようです。おもな助成金に、厚生労働省管轄の「生涯現役起業支援助成金」、「特定求職者雇用開発助成金」、「地域雇用開発助成金」や、中小企業庁管轄の「創業支援事業者補助金」などがあります。高齢者の起業や雇用促進、地域活性化などに寄与する事業が対象となることが多いようです。

いずれにしても、自分の会社が受給資格を満たしているのか、そしてどんな手続きが必要なのかの把握が欠かせません。ホームページなどで対象になると思ったら、早めに社会保険労務士などの専門家に相談してみましょう。

会社作りの コトバ **20** WORD 社会保険労務士	助成金の申請代行のほか、社会保険や労働保険の手続きも扱います。社会保険労務士になるには、国家試験に合格するだけでなく、2年以上の実務経験が必要です。全国に約4万人（平成29年9月現在）。

おもな起業支援の助成金

小規模事業者持続化補助金

条件 商工会議所または商工会の助言をもとに経営計画を作成し、販路開拓に取り組むなど

受給額 通常枠への申請の場合、必要額の2/3（上限50万円）など（インボイス特例対象事業者は、上限金額に50万円の上乗せ）

窓口 **ハローワーク**
https://www.hellowork.go.jp/

創業支援等事業者補助金

条件 産業競争力強化法の認定を受けた、または受ける予定の計画を実施する事業など

受給額 補助対象経費の3分の2以内（上限300万円）

窓口 **中小企業庁**
http://www.chusho.meti.go.jp/

特定求職者雇用開発助成金

条件 高年齢者や障害者などの就職困難者をハローワークなどの紹介により雇い入れている、など

受給額 高年齢者かつ母子家庭の場合、40万円など

窓口 **ハローワーク**
https://www.hellowork.go.jp/

地域雇用開発助成金

条件 雇用開発促進地域に居住する求職者等を計画期間内に、ハローワーク等の紹介で3人以上（創業の場合2人）雇い入れること、など

受給額 1年ごとに最大3回まで支給。支給額は対象者の数や設備・整備費用の額で異なる

窓口 **ハローワーク**
https://www.hellowork.go.jp/

未来の社長におくる ミ ニ 知 識 **7**

エンジェル税制

ベンチャー企業への投資を促進するため、投資を行った個人投資家に対して、税制上の優遇措置を行う制度のこと。投資時点と売却時点の両方で優遇措置が受けられる。

身内や知人から借りる

資金集めの最後の手段ともいえるのが、身近な人からの借金です。できれば避けたい方法ですが、やむを得ず借りるときはきちんと書面で契約しましょう。

🏢🏢 トラブルも起きやすいので慎重な判断を

培ってきた信用が問われる

会社は利益を生むための組織なので、のちの利益を見込んで設立時に借金をすることも少なくありません。

そんなとき、銀行や公的機関のように面倒な手続きを経ずに資金を調達できる手段のひとつが、身内や知人からの借金です。数千万円を個人的に借りるなんてことは稀ですが、小さな会社の設立では、百万円単位のお金を身近な人から借りるケースはよくあります。

ただ、近しい人からの借金は何かとトラブルを生じるものです。とくに家族でなく友人（知人）の場合、お金の貸し借りは人間関係を簡単にダメにしてしまいますから、あくまでビジネスに徹することが必須条件です。

また、いくら知り合いでも信用できない相手にお金を貸す人はいません。どうしても借金をしなければならなくなったとき、そういう信用の高さが物をいうことも知っておきましょう。

書面を作ってトラブル防止

借金をめぐるトラブルを避けるには、きちんと借用書や金銭消費貸借契約書を作っておくことです。

どちらも借金の事実を証明するものですが、後者は多額の借金をするときに作成することが多い書類。いずれも手書きで構いませんが、印紙を貼って署名と押印をすることで証拠力を高めることができます。

書面を作っておけば金額や返済期限などでもめることはなくなりますし、「きちんと返済しよう」という自律心の助けにもなります。

会社作りのコトバ **21** WORD	財産を個人からタダでもらったときにかかる税金（法人からもらうと所得税）。1月1日〜12月31日の1年間に110万円超の贈与を受けたら課税。税率は10%〜50%で贈与額により変わります。
贈与税	

借用書の作成例

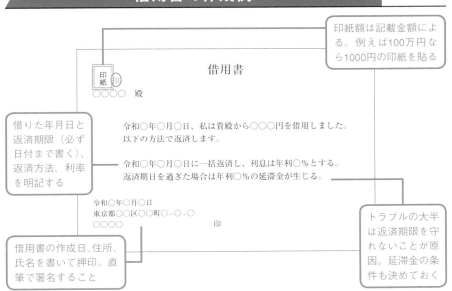

印紙額は記載金額による。例えば100万円なら1000円の印紙を貼る

借用書

印紙 ㊞

○○○○ 殿

令和○年○月○日、私は貴殿から○○○円を借用しました。以下の方法で返済します。

令和○年○月○日に一括返済し、利息は年利○%とする。返済期日を過ぎた場合は年利○%の延滞金が生じる。

令和○年○月○日
東京都○○区○○町○-○-○
○○○○   印

借りた年月日と返済期限（必ず日付まで書く）、返済方法、利率を明記する

借用書の作成日、住所、氏名を書いて押印。直筆で署名すること

トラブルの大半は返済期限を守れないことが原因。延滞金の条件も決めておく

金銭消費貸借契約書の作成例

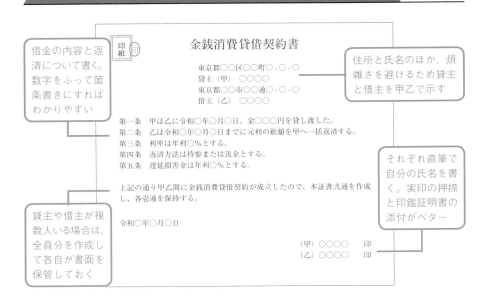

金銭消費貸借契約書

印紙 ㊞

東京都○○区○○町○-○-○
貸主（甲）　○○○○
東京都○○市○○通○-○-○
借主（乙）　○○○○

第一条　甲は乙に令和○年○月○日、金○○○円を貸し渡した。
第二条　乙は令和○年○月○日までに元利の総額を甲へ一括返済する。
第三条　利率は年利○%とする。
第四条　返済方法は持参または送金とする。
第五条　遅延損害金は年利○%とする。

上記の通り甲乙間に金銭消費貸借契約が成立したので、本証書弐通を作成し、各壱通を保持する。

令和○年○月○日

（甲）○○○○　　　印
（乙）○○○○　　　印

借金の内容と返済について書く。数字をふって箇条書きにすればわかりやすい

住所と氏名のほか、煩雑さを避けるため貸主と借主を甲乙で示す

それぞれ直筆で自分の氏名を書く。実印の押捺と印鑑証明書の添付がベター

貸主や借主が複数人いる場合は、全員分を作成して各自が書面を保管しておく

Column 3

司法書士が語る
設立資金のコト

"出資"と"融資"を上手に使い分ける

会社設立に向けて資金集めをしているあなたの前に、お金持ちの投資家が現れたとしましょう。あなたの設立計画を高く評価し、事業開始に十分な額を出資するといっています。

これを喜んで一も二もなく出資を受け入れる……のはちょっと待ってください。1人の出資者が多額の出資をすると、それだけ発言権の強い株主が生まれ

ます。十分な資本金で会社を興しても、その実権を大株主に握られては意味がありません。

そこで、投資家から会社に直接出資するのではなく、融資として一度自分のお金になってから、自分の出資額とする手を検討しましょう。たしかに、出資の場合は出資額以上の責任を負いませんが、融資は私財を投じてでも返済しなければならないというリスクはあります。しかし、一番の目的は会社の事業で利益を生むことですから、出資額の返済問題を優先して決断するのは本末転倒ともいえます。

リスクは低いけれど経営権がつく出資か、ハイリスクだが自分の資金として使える融資か。それぞれの利点を生かして使い分けられれば最高ですね。

定款の作り方

会社のルールブックを定款と呼びます
盛り込む内容と書き方を押さえましょう

定款とは何か

すべての会社が持つ基本ルール集のような書類が定款です。設立登記のときに提出しなければならないので、必要な記載事項を確認して作成しておきます。

その会社に関するすべての約束事を記載

定款は会社の憲法

社名や資本金の額、所在地、事業の目的、株式の扱い、創業者の氏名と住所など、その会社についてのあらゆるデータを記載した書類を定款といいます。会社の基本ルールとなる書類なので、「会社の憲法」「会社の法律」などと呼ばれます。

会社設立の手続きをするのは発起人ですが、定款の作成も発起人が行います。そして、発起人全員が定款に記名して実印を押し、公証役場で公証人の認証を受けることで、その定款に法的効力が発生して設立登記の必要書類となるわけです。

もともと定款は会社にとって非常に重要なものですが、会社法によって定款の自由度が大きくなったため（定款自治の拡大）、旧法のときよりますます意義を持つことになりました。

各記載事項の必要度

定款に記載する内容はおよそ決まっていて、必要度により①絶対的記載事項（必ず記載する）、②相対的記載事項（必要があれば記載する）、③任意的記載事項（記載するかどうか自由に決められる）の3つに分かれます（それぞれの詳細はP92以降で触れます）。

書面のスタイルやそれぞれの記載事項の内容も慣習的に決まっていますから、本書の作成例（→P112〜）のほか、日本公証人連合会のホームページなどで無料ダウンロードできるフォーマットなどを参考にしてください。また、PDFで作成した電子定款を用いての設立も可能です。

会社作りの
コトバ **22**
WORD

原始定款

会社の設立時に登記申請の必要書類として提出する定款のこと、と書くと当たり前のようですが、定款は設立後でも手続きを踏めば内容を変更できるので、最初の定款という意味でこう呼んでいます。

定款に法的効力を持たせる

必要な内容がすべて
もれなく書かれている

全発起人の実印が
押されている※

公証役場で
認証を受ける

※電子定款の
場合は電子署名

○○株式会社
定款

法的な効力
を持つ！

定款にはどんなことを書くのか

絶対的記載事項	●商号　●事業の目的　●本店所在地 ●設立時に出資する額または最低額 ●発起人の氏名（名称）および住所 ●発行可能株式総数（設立日までに定める）
相対的記載事項	●株式の譲渡制限をどうするか ●役員の任期を延長するかどうか　など
任意的記載事項	●事業年度 ●役員の氏名および住所 ●公告の方法　など

未来の社長におくる ミ 二 知 識 **8**

定款の内容を変更するには

原始定款に記載した内容を変更する必要があるとき
は、株主総会の特別決議を経て法務局に変更を申し
出ます。設立後に変更した定款は、原始定款のよう
な公証人の認証は不要です。

絶対的記載事項

定款に記載する内容で最も大切な要素が絶対的記載事項です。会社の名前や事業の目的など、その会社の骨格となるいくつかの内容を記載します。

定款において一番大切な項目

定款に必ず書く項目

定款には会社についてのさまざまな取り決めを記載するわけですが、そのうち「どんな会社も絶対に書かなければならない」項目がいくつかあります。それらの項目をまとめて絶対的記載事項と呼んでいます。

絶対的記載事項の記入にあたっては、「要素的なもれがない」「記載事項の内容が法律に違反していない」という2点を必ず守ってください。でなければ定款の認証が受けられず、定款は無効になってしまいます。

"絶対的"という言葉から、何やら難しい内容をイメージする人がいるかもしれません。ですが、そう身構えるほどのことではなく、作成例に沿って誤った記載がないように注意しておけ

ば大丈夫です。

商号や目的など5つの要素

では、絶対的記載事項の具体的な項目を見ていきましょう。絶対的記載事項には、おもに5つの項目が含まれます。一般的な記載順に①商号　②本店所在地　③目的　④設立に際して出資される財産の価額またはその最低額　⑤発起人の氏名・住所　となります（⑤を除き、それぞれの詳細はP96以降で順次触れています）。

この5項目は、会社の規模や業種を問わずすべての会社が定款に明記します。また、定款は記入用紙に書き込むような書類ではないので、「絶対的記載事項」という欄はもちろんありません。くれぐれも書きもらしがないよう、気をつけて作成してください。

会社作りの
コトバ **23**
WORD
補正日

定款などを添付して登記申請をする際、書類の不備が見つかった場合の修正日を告げられます。これが補正日です。補正をせずに放っておくと申請が却下されますので、すみやかに補正してください。

会社の骨格ともいえる基本情報

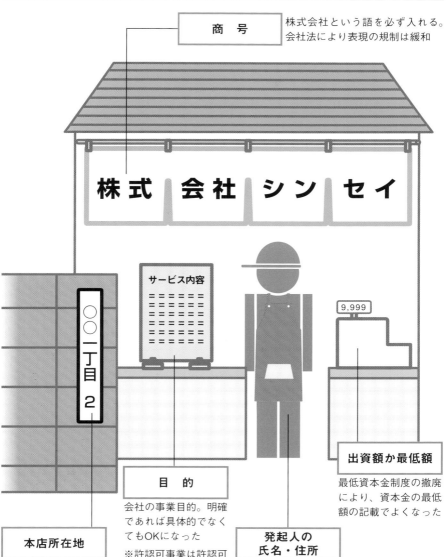

商　号
株式会社という語を必ず入れる。
会社法により表現の規制は緩和

株式　会社　シン　セイ

サービス内容

○○一丁目2

9,999

出資額か最低額
最低資本金制度の撤廃
により、資本金の最低
額の記載でよくなった

目　的
会社の事業目的。明確
であれば具体的でなく
てもOKになった
※許認可事業は許認可
　庁に確認が必要

本店所在地
会社がある場所を記載。
定款には最小行政区画
まで書いておけばよい

**発起人の
氏名・住所**
発起人全員が住所と氏
名を書き、実印を押す。
日本在住でなくてもよ
い

相対的・任意的記載事項

定款に記載する項目のうち、絶対的記載事項以外の内容を相対的・任意的記載事項と呼びます。似たもの同士ではありますが、違う意義を帯びています。

必要に応じて記載する項目

一見、似ているようでも…

絶対的記載事項をもれなく記載したら、次に相対的記載事項と任意的記載事項に当たる項目をそれぞれ書いていきましょう。絶対的記載事項よりは必要度が低くなりますが、とくに相対的記載事項には「A社には不要でも、B社にとっては"絶対"に必要」というような内容も含まれます。記載すべきかどうかきちんと検討しましょう。

相対的記載事項とは

相対的記載事項は、「それを記載しなくても定款自体は法的に有効だが、記載しなかった内容そのものは無効になる」という項目です。たとえば、株式の譲渡制限について触れていなくても定款は成立しますが、その会社は株式の譲渡制限をすることができません。現物出資や財産引継についての記載も相対的記載事項の1つです。

任意的記載事項とは

定款以外の諸規則として規定することもできる事項が、任意的記載事項です。一般的な記載内容を見ても、事業年度や公告の方法など、会社の骨格にはそれほど影響しない程度の項目となっています。会社運営を効率よくするための独自のルールを、任意的記載事項として書いておくことも可能です。

ただ、定款に記載した場合は、それを変更するために変更登記が必要になります。とくに具体的な必要がないかぎりは、作成例などを参考にして、一般的に記載されている内容にとどめておくのが無難でしょう。

会社作りの
コトバ **24**
WORD
変態設立事項

発起人の特別な利益（設立労務への報酬など）、現物出資、財産引受け（設立後に発起人へ譲渡される財産）、設立費用の会社負担の4つ。相対的記載事項ですが、一般的な設立にはあまり出てきません。

おもな相対的記載事項

記載しなくても定款は成立するが、
定款に記載しなければ法的効力を生じない

株式の譲渡制限
株式の譲渡に会社の承認が必要かどうかを規定。小さな会社は譲渡制限をするのが一般的

役員の任期
通常は2年と決まっているが、取締役会を設置しない会社は最大10年まで延長可能

現物出資
お金でなく車や不動産、パソコンなど"物"での出資がある場合は定款への記載が必要

おもな任意的記載事項

記載しなくても定款は成立するし、
定款以外で規定することもできる

事業年度
区切る期間は1年以内なら自由だが、ほとんどの会社が1年間で1事業年度としている

役員の氏名・住所
定款に設立時役員の氏名と住所を記載し、発起人会議事録の作成を省略する場合が多い

公告の方法
公告とは何かしらの内容を広く一般に知らせること。株式会社には決算公告の義務がある

商号を決める

"会社の顔" といっても社長の顔ではありません。まず消費者の頭にインプットされるのは会社名、つまり商号です。十分に検討して決定しましょう。

「名は体を表す」といわれるほど名前は大切！

商号とは会社名のこと

会社の正式名称のことを、法律上の用語では商号といいます。商号は「商売をするときに自己を表示する名称」と定義され、よく "屋号" と呼ばれる個人商店の店名も商号に含まれます。

会社にとって実質的に一番大切なのは、もちろん「どんな会社なのか／何の事業をしているのか」ということです。しかし、商号はそれと同じくらい重要なものといえます。なぜなら、商号を文字で書いたり声に出したりしなければ、その会社について思いをめぐらすことすらできないからです。

商号を決めるときは、事業や創業者との関連性だけでなく、その名称の親しみやすさ、覚えやすさ、さらには書きやすさや発声のしやすさなど、いろいろな面から検討を重ねましょう。また、法人登記をする際に商号にフリガナをふる必要があります。読み方も考えましょう。

"NGワード" に注意

類似商号についての規定が緩和されたため（→P26）、商号の決め方はかなり自由度が増しました。とはいえ、どんな条件でもOKというわけではありませんので注意しましょう。

商号には必ず「株式会社」の4文字を入れます。使える記号は「＆」「'」「・」「.」「－」「.」の6つで、「？」「！」「♪」「☆」などは使えません。そのほか、有名な企業名と似ていたり、実際の事業内容を誤解させたりなど、悪用目的と解釈できる商号は認められません。

会社作りの
コトバ **25**
WORD

前株／後株

「株式会社○○」のように株式会社が頭につくのを前株、「○○株式会社」と後ろにつくのを後株といいます。どちらにしようと法的な規制はないので、見た目や語呂などを考慮して自由に決めてください。

表記の仕方でイメージはかなり変わる

株式会社シンセイ シンセイ株式会社	株式会社新星 新星株式会社
株式会社しんせい しんせい株式会社	株式会社SHINSEI SHINSEI株式会社
株式会社shin-sei shin-sei株式会社	株式会社シ・ン・セ・イ シ・ン・セ・イ株式会社
株式会社ニュースター ニュースター株式会社	株式会社New Star New Star株式会社

使ってはいけない文字や言葉

記　号

平成14年からローマ字や記号が使用可能に。ただ、「＆」や「・」など一部のみなので注意

同一・類似

○○ビル	
4F	ABC商事（株）
3F	ABC商事（株）
2F	ABC商事（株）

同じ住所に同じ商号の会社があると登記不可。有名企業名など知名度の高い名称との類似も×

「銀行」「信託」

実際は別の事業をしているのに「○○銀行」や「○○信託」という商号はつけられない

支店・部署名

本店なのに…

会社組織の一部を意味するような商号はダメ。もちろん実際に支店名として使うのは問題ない

事業目的を決める

「事業の目的は最初から決まっているのでは？」と思われるかもしれませんが、定款の記載事項としての事業目的には知っておくべき書き方があります。

定款への記載を念頭に置いて

会社の未来を決める大事な部分

定款に記載する絶対的記載事項の1つに、「目的」という項目があります。これは事業目的です。登記申請のときに「この事業目的はダメだ」と判定されたら登記を完了できませんから、会社の設立は不可能。したがって、実際の事業内容の目的を書く部分ではあるのですが、登記申請という問題を前提として決める必要があります。

会社の事業は、定款に書いた「目的」に沿った形でしか行うことができません。起業して数年経ってから始めようと考えている事業があれば、定款を作成する時点で記載しておきましょう。記載せずに新たな事業を開始するには、定款変更の手続きが必要なので余計な手間になります。

会社法で緩くはなったが

従来はある程度の具体性を持った表現でなければ認められませんでしたが、会社法によって抽象的な表現も基本的には有効となりました。

事業目的を曖昧にしておけば、いろいろな解釈が可能ですから、行える事業も多岐にわたります。たしかにメリットではありますが、「事業目的が曖昧な会社」が果たして信用を得られるでしょうか？　取引開始予定の相手先がこちらの定款を閲覧したとき、明快に趣旨のつかめない事業目的が書かれてあったなら、取引開始を辞退することもあり得ます。

定款認証の前に、その目的でいいかどうか登記所（公証役場ではありません）でチェックしてもらうと安心です。

会社作りの
コトバ **26**
WORD
関連事業

事業目的は具体的な表現が原則でしたが、「ファッション関連事業」「インターネット関連事業」など、実際に何をしているのかわかりにくい曖昧な表現も、会社法では認められるようになりました。

社会的信用度と"機能性"のバランス

例えば、実際の事業内容が
「男性用スニーカーの販売」なら、
"事業目的"はどう書くのがベストか？

A 販売業

ただ販売業といわれても、何を売っているんだろう？

商品が何かわからないなんて、なんだか信用できないね

B 服飾品の輸入・販売

衣類やバッグ、靴なんかを扱っているようだね

扱う商品のジャンルと、輸入品もあることがわかるよ

C 男性用スニーカーの販売

男性向けのスニーカーを売ってる専門業者なんだろうね

スニーカーにマッチする服や小物もあるといいのにな

正解は **B** ！

Aは漠然としすぎていて信用できない印象を与える。Bは扱うジャンルと営業形態がわかる。Cは限定しすぎて多角的に展開できない

┤未来の社長におくる├─ミ─ニ─知─識─9

定款は誰でも閲覧できる？

株主及び債権者は、株式会社の営業時間内はいつでも、定款または電磁的記録に記録された事項を閲覧できますが（会社31②一・三）、それ以外の人は定款を閲覧することはできません。ただし、株式会社の親会社社員は、その権利を行使するため必要がある場合、裁判所の許可を得て閲覧等を請求できます（会社31③）。

なお、閲覧請求できる人は、会社で定めている費用を払って、定款の謄本若しくは抄本の交付または電磁的記録に記録された事項の提供を請求できます（会社31②二・四）。

SECTION 6

本店所在地を決める

すべての会社は、国内のどこか1カ所に必ず本社としての事業所を置きます。その場所を本店所在地といい、絶対的記載事項として定款に記載します。

税金面や変更登記に注意点が

店舗じゃなくても"本店"

事務所を持たずに行える事業もありますが、会社を設立するには、1社につき1カ所は必ず「本店所在地」を決めて、定款に記載する必要があります。ちなみに、「本店」というのは便宜的な表現で、本社となる事業所が店舗であるかどうかは関係ありません。

どの会社も必ず決めなければならない本店所在地ですが、業務の一部を本店所在地と違う場所で行っていても構いません。ただし、管轄の都道府県税事務所や市町村役場が別になると、それぞれに納税義務が発生して倍の負担になるので、注意が必要です。

記載の仕方は2つある

本店所在地を定款に記載するには、

2つの方法があります。1つは、最小行政区画まで記載する方法、もう1つは地番まで記載する方法です。

最小行政区画までの記載は、設立後に本社を移転する場合、その範囲内での移転なら定款の変更が必要ないというメリットがあります。住所の変更には登録免許税3万円がかかりますし、法務局の管轄も変わればさらにプラス3万円が必要ですから、とくに事情がなければ、最小行政区画までの記載にする会社が大半です。そして登記申請のときまでには地番まで決め、発起人会議事録で申請します。

定款に地番まで記載すると、隣のビルに移転しただけで定款の変更が必要です。また、必然的に定款の認証前に事務所物件を確保しなければならないのもデメリットといえるでしょう。

会社作りのコトバ **27** WORD
最小行政区画

全国の市町村、東京23区、政令指定都市(札幌、仙台、さいたま、千葉、横浜、川崎、相模原、新潟、静岡、浜松、名古屋、京都、大阪、堺、神戸、岡山、広島、北九州、福岡、熊本の計20市)が最小行政区画です。

本店と事務所が離れていると…

本店と別に事務所がある場合、それぞれを管轄する都道府県税事務所や市町村役場が違えば、それぞれに法人住民税を納めることに

定款への記載方法で違ってくること

	最小行政区画まで書く	地番まで書く
会社の設立時	定款への記載は最小行政区画まででOKだが、登記申請の際は地番まで明記した発起人会議事録を提出する	定款で本店所在地を地番まで記載していれば、登記申請時の発起人会議事録による申請は必要ない
会社の移転時	記載した最小行政区画の地域内での移転なら、定款の変更をする必要がないので手続きの手間がかからない	地番が1つ変わっただけでも定款の記載内容と違ってくるため、移転の際は必ず定款の変更をしなければならない

資本金額を決める

その会社がいくらの元手でスタートするのか――。
適正な資本金額は会社によってまちまちです。事業の規模や出資者の状況などを考慮して決定します。

できる限り余裕を持って

資本金はいくら必要？

資本金とは、これからの事業の元手となる "軍資金" のこと。会社を作るには有限会社でも最低300万円の資本金が必要でしたが、会社法によって最低資本金制度はなくなりました（→P16）。

資本金の役割は、開業資金と当面の運転資金をカバーすることです。事業を開始したその日から利益が出るとは限りませんし、むしろ数カ月間は赤字経営というほうが普通です。必要な初期費用と事業展開の見込みを考慮して、適正な資本金額を決めましょう。

潤沢な資本金が用意できるに越したことはないのですが、1000万円以上の資本金だと最初から消費税の納税義務が生じるなど、税金面で不利なケースも。資本金はあればあるほどいい、といういうわけでもないのです。

株式を発行する

資本金を集める大まかな流れは、①資本金の総額を決める　②1株の値段（価額）を決める　③設立時の発行株式数を決める　④出資者（発起人）の引受け割合を決める　⑤各出資者が自分の引受け割合に応じて出資額を金融機関の口座に払い込む　となります。払込みに使う口座は、1人の発起人の個人口座（それまで使っていた口座で可）が一般的。各出資者の払込み状況がはっきりわかるように、個別に出資金額だけを振り込みます。

発行可能株式総数や各出資者の引受け数は絶対的記載事項ですが、登記完了までに発起人全員の同意で決めればよいことになっています。

会社作りの
コトバ **28**
WORD
現物出資

お金ではなく "物" を時価に換算して出資する方法です。登記申請には調査報告書（→P130）や財産引継書（→P136）などを添付します。総額500万円超の現物出資には、弁護士などによる検査も必要。

起業後の運営資金をカバーする

開業資金
事務所を借りる費用や備品の購入代金、従業員の採用にかかる費用など事業開始に必要な資金

運転資金
毎月の仕入れや事務所の家賃、従業員に支払う給料など、会社を運営していくのに必要な当面の資金

$\leqq$

適正な資本金額

株式による資本金の調達

1 資本金額を決める
会社の規模や事業内容などを総合して適正な資本金額を決める

2 1株の値段を決める
1株当たりの値段(価額という)をいくらにするか決定する

3 発行株式数が決まる
資本金額を株式の価額で割って、設立時の発行株式数が確定する

4 引受け割合を決める
どの発起人がどれぐらいの株式を引き受けるのかを決める

5 口座に払い込む
金融機関に出資金を払い込む。発起設立は発起人の口座を使う

未来の社長におくる ─ ミ─ニ─知─識─ **10**

"見せ金"はNG！

見せ金とは、出資金の払込みをする際、一時的に借入金を振り込んで資本金が十分にあるフリをする行為のこと。見せ金による登記は無効になります。絶対にやめましょう！

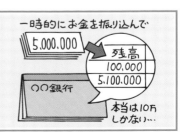

8 事業年度を決める

「事業年度は4月1日から3月31日」と決まっているわけではありません。決算の手間も考慮して、会社の都合に応じた事業年度を設定します。

会社の実状に合わせて決めよう

期間は"最長"1年

とくに期間限定の事業であるとか、あるいは倒産してしまったとか、そういう事情でもなければ会社の業務は切れ目なく続いていきます。ですが、会社には利益に応じて税金を納める義務がありますから、期間を区切って利益を特定しなければなりません。そのための期間を事業年度といいます。

事業年度は1年以内ならば自由に決めてよく、また開始日と最終日をいつにするかも自由です。4月1日から3月31日までの1年間を1事業年度とする会社が多いのは、ただ国の会計年度に合わせているだけなのです。

年度末には決算をする

最終的に、法人税の納税額を算出することが、事業年度を決める目的です。事業年度末の時点でその年度のお金の動きをひと区切りし、それを記録した計算書類を作ります。

事業年度末から始まる決算の作業は、いろいろな伝票をまとめたり、帳簿類を整理したりと、かなりの忙しさ。小さな会社では、通常業務の妨げになることも珍しくありません。経理担当部署があったとしても、決算期はてんやわんやの状態になります。そんな決算が年に何度もやってきてはたまらないので、多くの会社が1年を1事業年度にしているのです。

また、たとえば夏に繁忙期を迎える会社なら、比較的暇な時期に年度末を持ってくるのも手。税務署や税理士が多忙な2月と7月を避けるのも、決算の手間を減らすアイデアです。

会社作りのコトバ **29** WORD **中間決算**	年度の途中で行う決算。おもに営業成績の把握が目的で、「3月末が決算、9月末に中間決算」という会社が大半です。上場企業には四半期決算の義務があります。

決算の"手間"を考慮して区切る

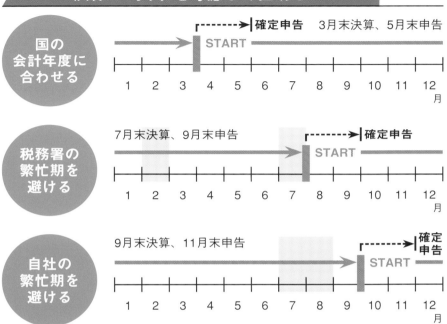

国の
会計年度に
合わせる

確定申告　3月末決算、5月末申告

税務署の
繁忙期を
避ける

7月末決算、9月末申告

確定申告

自社の
繁忙期を
避ける

9月末決算、11月末申告

確定申告

会社の設立時期との関係に注意

3月30日　法務局　会社設立

3月31日　ほらね　法務局　しまった！　決算日

4月1日〜5月31日　雑務に追われる日々……　大忙し！

登記申請をした日が会社の設立日。事業年度との兼ね合いを確認
して、設立直後に決算が来てバタバタすることのないように！

株式譲渡制限を決める

自社の株式を勝手に売買されないための決まりが株式譲渡制限です。小さな会社の起業メリットを生かすため、この譲渡制限を定款で定めておきましょう。

定款にしっかり記載してメリットを生かそう

株式譲渡制限とは

株式は、原則としては自由に取引されるべきものです。しかし、株式には有価証券という性質のほかに、会社の経営に参加できる権利が備わっています。小さな会社の株式が広く取引されてしまうと、大資本などによって簡単に乗っ取られてしまう危険があります。そこで、「株式の譲渡には会社の承認が必要」と定款に定めることが従来から認められていて、この規定を株式譲渡制限といいます。ここでの「譲渡」はタダで譲り渡すだけではなく、売買など取引全般を意味します。また、会社の承認とは取締役会や株主総会の決議、代表取締役の承認のことです。

自社の株式すべてに譲渡制限をしている会社を株式譲渡制限会社（非公開会社）といい、一部でも譲渡制限をしていない株式のある会社を公開会社と呼びます。

小さな会社には特典アリ

株式譲渡制限会社（非公開会社）は、取締役1人でも会社を設立できたり、取締役会を置かなくてもOKだったり、役員の任期を延長できたりという特典が会社法により与えられました。逆にいえば、1人で会社を興す場合は、必ず株式譲渡制限会社となります。

そもそも、株式市場などで取引されているのは中規模以上の会社の株式で、国内企業の大半を占める小さな会社の株式が流通しているわけではありません。小さな会社の設立においては、とりあえず株式譲渡制限会社にしておくのが妥当でしょう。

会社作りの
コトバ **30**
WORD
株主総会

株主で構成される、その会社の最高意思決定機関です。決算期に開かれる定時総会と、不定期で開催される臨時総会があります。取締役会がない会社は、株主総会で一切の重要事項を決議できます。

株式譲渡制限は小さな会社を守ってくれる

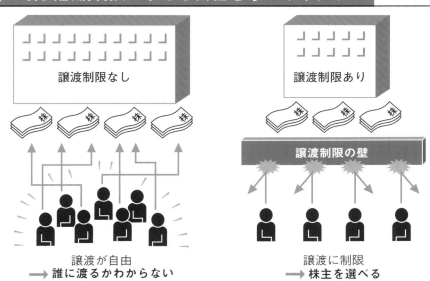

譲渡制限なし

譲渡制限あり

譲渡制限の壁

譲渡が自由
→ **誰に渡るかわからない**

譲渡に制限
→ **株主を選べる**

株式譲渡制限会社のおもなメリット

起業
しやすい

取締役は1人でも可

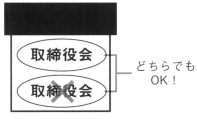

取締役会

取締役会

どちらでも
OK！

取締役会の設置は任意

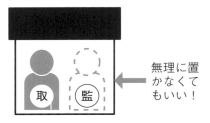

無理に置
かなくて
もいい！

監査役の設置も任意

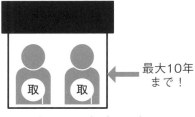

最大10年
まで！

役員の任期を延長できる

107

役員を決める

経営サイドの人間となる役員を決めましょう。新しく作られた会計参与も役員として扱われます。任期の延長についても必要があれば記載しておきます。

経営陣を決定して定款に記載

会社の経営を担う人

役員とは、会社の経営陣のことです。役員の肩書きにはいろいろなものがありますが、課長、部長などの肩書きと違い、役員たる条件は法律で定義されています。実質的に経営に参画している人は、法律上も役員とみなされます。

おもな役員は、代表取締役、取締役、監査役、そして会社法によって誕生した会計参与の4機関です。

代表取締役は、いわゆる社長です。アメリカ型企業では経営のトップと業務のトップが別ですが、日本の社長は経営と業務を統括する最高責任者。取締役のなかから選ばれて就任します。

取締役は会社経営を実質的に担う役職。そして、会計や業務内容を監査する監査役、税理士や公認会計士などの

専門家が社内の人間として計算書類の作成などを行う会計参与があります。

氏名や任期を定款に

ヒラから役員まで出世するのは大変ですが、会社を作るときなら役員になるのはとても簡単。定款に記名する（または発起人会で決める）だけで、役員になることができるからです。

ただ、設立後に取締役が退職したり、新しく取締役を迎えたりするときは、定款に記名しているなら変更登記が必要。任期が短ければ定款変更の回数も多くなり、手間と費用がかかります。

役員の任期を10年にしておけば、10年間は更新せずに済みますが、自分と馬の合わない取締役が長く自社にいるのは単なるデメリット。任期の延長は慎重を期して定めるべきです。

会社作りの
コトバ **31**
WORD
代表取締役の住所

以前は代表取締役のうち、最低1人は日本国内に住所がなければ登記できませんでした。が、平成27年より代表取締役の全員が海外に住んでいても、日本国内で登記できます。日本人である必要もありません。

各役員の特徴

代表取締役

どんな役目？	一般的に社長をさす。会社の経営陣をまとめる代表者で、経営と業務の両方を統括する
どうすればなれる？	設立時は定款で定める。複数の取締役から選ばれて就任する。1人だけとは限らない
任期は？	規定なし（取締役としての任期が基礎）

取締役

どんな役目？	代表取締役とともに会社の経営陣を構成する。会社の設立には1人以上の取締役が必要
どうすればなれる？	発起人会か定款で定める。普通は発起人や株主がなるが、外部から迎え入れることも可能
任期は？	2年。株式譲渡制限会社は最大10年まで可

監査役

どんな役目？	会社の会計や業務を監査する。会社法により取締役会非設置会社なら任意設置となった
どうすればなれる？	発起人会か定款で定める。税理士などの資格が不要なため有名無実化しているケースも
任期は？	4年。株式譲渡制限会社は最大10年まで可

NEW! 会計参与

どんな役目？	取締役と共同で計算書類を作り、内容について株主に説明する。会社法により新設された
どうすればなれる？	発起人会か定款で定める。就任できるのは税理士や公認会計士など会計の専門家だけ
任期は？	2年。株式譲渡制限会社は最大10年まで可

定款に記載するときのポイント

記名！

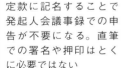

定款に記名することで発起人会議事録での申告が不要になる。直筆での署名や押印はとくに必要ではない

任期！

何も記載しなければ役員の任期は2年となる（監査役は4年）。任期を延長するにはその旨の記載が必要

人数！

「○人以上」「○人以内」など幅を持たせた表現にして、あとから役員の人数が変わる場合に備えておく

定款を書く

記載する内容を確認したら、いよいよ実際に定款を作成しましょう。難解な言葉が出てくる箇所もありますが、作成例を参考に書き進めていけばOKです。

パソコンや作成例をフル活用しよう

例に沿えば意外に簡単

定款の作成は難しそうな印象がありますが、本書や日本公証人連合会のホームページなどにある作成例に沿って書いていけば意外に簡単です。とくに書式はなく、白紙に自分で「第一条 ○○〜」などと書いていきます。文具店などで売られている書き込み式の定款セットを利用しても構いません。

用紙のサイズにもとくに決まりはありませんが、A4判やB5判、B4判のうち書きやすい大きさを使います。

手書きのときは黒のボールペンで記入します。定款は3部必要なので、複写にはカーボン紙を使います。とはいえ、手書きの書面をコピー機でコピーしたものは認められません。現在はパソコンで作成するほうが一般的でしょう。

手書きなら訂正に注意

パソコンは簡単に文字の修正ができますが、手書きの際の訂正には決まりがあります。

手書き文字を訂正するときは、訂正する元の字が見えるように上から二本線を引いて、その字の上の余白に正しい字を書きます。その箇所に印鑑を押す必要はありません。定款を提出したあとでも文字の追加訂正ができるように、最終ページに発起人全員の実印を押し（捨て印）、訂正した文字についても明記しておきます。

同一の定款を3通作り、3通とも公証役場へ提出して1通は公証役場保管用、1通は定款原本として、もう1通は定款の謄本として交付を受け、謄本を法務局に提出します。

会社作りの
コトバ **32** WORD
捨て印

文書を提出するとき、受け取った側が誤字などを訂正できるように、その提出する文書にあらかじめ訂正印として押印すること。「どんな訂正も許す」という意味なので、軽率な捨て印は危険です。

ルールに沿って作成しよう

用　紙

A4　　B5

2つ折り
B　｜　4

サイズの規定はとくに ない。A4判、B5判、B4判の2つ折りなどが一般的

様　式

○○株式会社
定　款

○○株式会社
定　款

定款は無地の紙に書いて作成するので、書く様式は任意。縦書き／横書きも不問

筆記具

黒ボールペン

ノートパソコン

BETTER!

パソコン

手書きなら黒のボールペンで。パソコンで作るのが簡単かつ、きれいに仕上がる

文字の訂正の仕方

訂正したいページ

第3条　当会社は本店を東京都
目黒
渋谷区に置く。

誤った文字の上に、元の字が見える状態で二重線を引く。上の余白に正しい文字を書き込む

最終ページ

第3条中2字削除2字加入

　　印

どの箇所で何文字訂正したかを明記する。訂正用の捨て印として発起人全員の実印を押す

定款の作成例（1枚目）

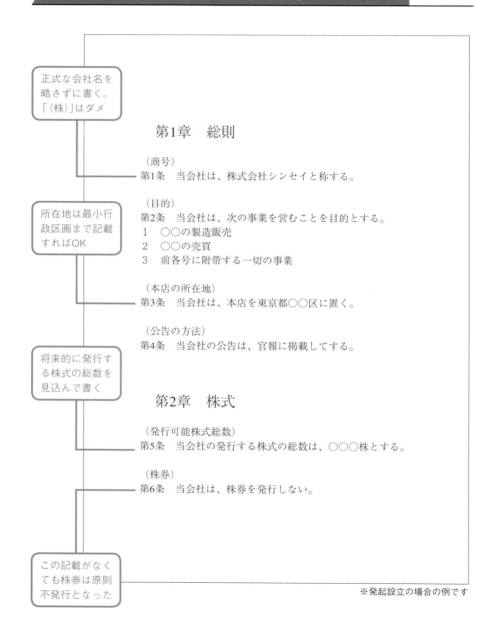

正式な会社名を略さずに書く。「（株）」はダメ

第1章　総則

（商号）
第1条　当会社は、株式会社シンセイと称する。

所在地は最小行政区画まで記載すればOK

（目的）
第2条　当会社は、次の事業を営むことを目的とする。
1　○○の製造販売
2　○○の売買
3　前各号に附帯する一切の事業

（本店の所在地）
第3条　当会社は、本店を東京都○○区に置く。

（公告の方法）
第4条　当会社の公告は、官報に掲載してする。

将来的に発行する株式の総数を見込んで書く

第2章　株式

（発行可能株式総数）
第5条　当会社の発行する株式の総数は、○○○株とする。

（株券）
第6条　当会社は、株券を発行しない。

この記載がなくても株券は原則不発行となった

※発起設立の場合の例です

112

定款の作成例（2枚目）

> 小さな会社は株式譲渡制限を定めておけば安心

（株式の譲渡制限）

第7条　当会社の株式を譲渡によって取得するには、取締役会の承認を受けなければならない。

（基準日）

第8条　当会社は、毎事業年度末日の最終株主名簿に記載された議決権を有する株主をもって、その事業年度に関する定時株主総会において権利行使すべき株主とする。

　　2　前項の規定にかかわらず、毎事業年度末日の翌日から定時株主総会の前日までに、当会社の募集株式を割り当てられ、又は吸収合併若しくは株式交換、吸収分割により株式を割り当てられ株主になった者は、その事業年度に関する定時株主総会において権利を行使できる。

　　3　前項のほか、必要があるときは、取締役会の決議により2週間前までに公告をして臨時に基準日を定めることができる。

（株主の住所等の届出）

第9条　当会社の株主及び登録された質権者又はその法定代理人若しくは代表者は、当会社所定の書式により、その氏名、住所及び印鑑を当会社に届け出なければならない。

　　　届出事項に変更が生じた場合における、その事項についても同様とする。

第3章　株主総会

（招集）

第10条　当会社の定時株主総会は、事業年度末日の翌日から2カ月以内に招集し、臨時総会は、その必要がある場合に随時これを招集する。

　　2　株主総会を招集するには、会日より1週間前までに、株主に対して招集通知を発するものとする。

（議長）
第11条　株主総会の議長は、社長がこれにあたる。社長に事故があるときは、あらかじめ社長の定めた順序により他の取締役がこれに代わる。

（決議）
第12条　株主総会の決議は、法令又は定款に別段の定めがある場合のほか、出席した議決権のある株主の議決権の過半数をもって決する。

（議決権の代理行使）
第13条　株主又はその法定代理人は、当会社の議決権を有する株主又は親族を代理人として、議決権を行使することができる。この場合には、総会ごとに代理権を証する書面を提出しなければならない。

取締役会の設置には3名以上の取締役が必要

第4章　取締役、監査役、代表取締役及び取締役会

（取締役会の設置）
第14条　当会社には取締役会を設置し、取締役は3名以上とする。

（監査役の設置）
第15条　当会社には監査役を置き、監査役は1名以上とする。

（取締役及び監査役の選任）
第16条　当会社の取締役及び監査役は、株主総会において議決権を行使することができる株主の議決権の数の3分の1以上の議決権を有する株主が出席し、その議決権の過半数以上の決議によって選任する。
2　取締役の選任については、累積投票によらないものとする。

取締役会設置会社は監査役を置く必要がある

定款の作成例（4枚目）

（取締役及び監査役の任期）

第17条　取締役の任期はその選任後3年以内、監査役の任期はその選任後5年以内に終了する事業年度のうち最終のものに関する定時総会の終結の時までとする。

　　　2　補欠又は増員により選任された取締役は、他の取締役の任期の残存期間と同一とする。

（取締役会の招集）

第18条　取締役会は、社長がこれを招集するものとし、その通知は、各取締役に対して会日の3日前に発するものとする。ただし、緊急の必要があるときは、この期間を短縮できる。

（代表取締役及び役付取締役）

第19条　当会社は、社長1名を、必要に応じて専務取締役及び常務取締役各若干名を置き、取締役会の決議により、取締役の中から選定する。

　　　2　社長は、当会社を代表する。

　　　3　社長のほか、取締役会の決議により、当会社を代表する取締役を定めることができる。

（業務執行）

第20条　社長は、当会社の業務を統括し、専務取締役又は常務取締役は、社長を補佐してその業務を分掌する。

（監査の範囲）

第21条　監査役の監査の範囲は、会計に関するものに限定する。

> 株式譲渡制限会社は最大10年まで規定できる

> もともと監査役には業務監査の権利がある

事業年度の期間と開始日、終了日を記載する

（報酬及び退職慰労金）

第22条　取締役及び監査役の報酬及び退職慰労金はそれぞれ株主総会の決議をもって定める。

第5章　計算

（事業年度）

第23条　当会社の事業年度は年1期とし、毎年○月○日から翌年○月○日までとする。

（剰余金の配当）

第24条　剰余金は、毎事業年度末日現在における株主名簿に記載された株主又は質権者に配当する。

（剰余金の配当等の除斥期間）

第25条　当会社が、株主に対し、剰余金の支払いの提供をしてから満3年を経過したときは、当会社はその支払いの義務を免れることができる。

発起人が出資する資本金の総額を記載する

第6章　附則

（設立に際して出資される財産の価額）

第26条　当会社の設立に際して出資される財産の最低額は、金500万円とする。

（最初の事業年度）

第27条　当会社の第1期の事業年度は、当会社成立の日から令和○年○月○日までとする。

設立後、最初の年度末までが第1期となる

定款の作成例（6枚目）

（発起人）
第28条　発起人の氏名、住所及び発起人が設立に際して引き受けた株式
　　　　数は、次のとおりである。

　　　東京都○○区○○四丁目５番６号　　新星太郎
　　　普通株式　　○○株　金○○円

　　　東京都○○市○○一丁目２番３号　　○○○○
　　　普通株式　　○○株　金○○円

> 引き受けた株式の数と出資額をそれぞれ書く

　以上、株式会社シンセイの設立のため、この定款を作成し、発起人が次に記名押印する。

　　　令和○年○月○日

　　　発起人　新星太郎　　　印

　　　発起人　○○○○　　　印

> 発起人が複数いる場合は全員が記名押印する

　　　　　　　　　印　　　　印

> 最後に捨て印を押して、提出後の訂正に備える

定款の体裁を整える

"会社の憲法"たる定款を書き上げたら、最後に体裁を整えます。以後も長期間保管する書類でもありますし、きれいに仕上げておきたいものです。

見た目もきれいに仕上げよう

中身ができたら表紙を作る

定款の必要事項を記載したら、最後の仕上げとしてきれいに綴じ、大事な書類としての体裁を整えましょう。

まずは、新しく白い紙を1枚用意して、定款の表紙を作ります。定款と同じく、表紙もとくに決まった書式などはありませんが、ほどよい位置に大きめの字で会社名と「定款」の文字を書くのが一般的です。会社名と「定款」の文字を罫線で囲んで飾ってみるのもいいでしょう。

表紙の下のほうには、定款の作成日（提出日や認証日とは違います）、公証人による認証日、会社の設立日を記入する欄を作っておきましょう。作成日だけを記入して、あとの2つは空欄のまま公証役場に提出します。

綴じ方は2通り

表紙を作ったら中身を綴じます。表紙はそのまま重ねて最初のページにしてもいいですし、半分に折る形で作っておいて間に中身を挟み込むような形でも構いません（右ページ参照）。

表紙と中身を合わせて、本でいう背に当たる部分をステープラでとめたら、ここから2通りの仕上げ方に分かれます。すべての見開きに契印を押す方法と、のりで背表紙を貼りつける方法です。背表紙を貼る場合は表紙と裏表紙の境目に契印を押します（中身のページに契印が不要なので、若干手間が小さいかもしれません）。

いずれにしても、どちらの綴じ方がいいとか悪いとかはありませんので、任意で選んでください。

会社作りの コトバ 33 WORD

契印

契約書などの書類が2枚以上にわたるとき、それらがまとめて1つの書類であることを証明すると同時に、書類の抜き差しなどの作為が加わらないよう、2枚の紙にまたがって押印することをいいます。

表紙を作って綴じる

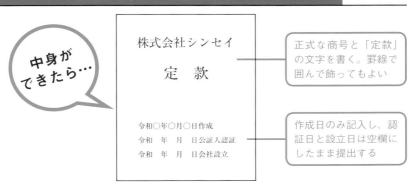

中身が
できたら…

株式会社シンセイ

定　款

令和○年○月○日作成
令和　年　月　日公証人認証
令和　年　月　日会社設立

正式な商号と「定款」
の文字を書く。罫線で
囲んで飾ってもよい

作成日のみ記入し、認
証日と設立日は空欄に
したまま提出する

表紙ができたら…

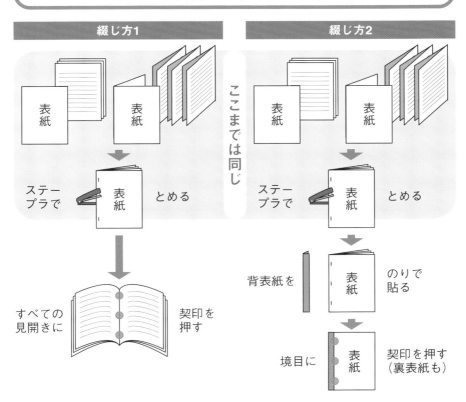

綴じ方1

表紙　　表紙

ここまでは同じ

ステープラで　表紙　とめる

すべての
見開きに　　契印を
押す

綴じ方2

表紙　　表紙

ステープラで　表紙　とめる

背表紙を　　表紙　のりで貼る

境目に　　表紙　契印を押す
（裏表紙も）

定款認証を受ける

所定の地域の公証役場に定款を提出して、公証人の認証を受けましょう。この認証によって初めて定款は法的な効力を帯びることができるのです。

定款作成の締めくくり！

定款を有効にする手続き

いくら完璧な内容の定款でも、そのままではただの書類です。※定款は公証役場で公証人の認証を受けて初めて、法的な効力を持つことができます。

公証役場の公証人は、30年以上の実務経験を積んだ法律の専門家から選ばれ、法務大臣の任命を受けた人がなります（おもに、退官後の裁判官が業務に当たっています）。

発起人全員で公証役場へ

定款と必要書類などを用意して、本店所在地を管轄している公証役場へ、発起人全員で出向きます。やむを得ず同行できない発起人がいる場合は、委任状を作成して代理人を立てることもできます。全3人の発起人のうち1人だけが来られないという場合も、代表者を代理人とする委任状が必要です。

用意した3通の定款のうち、1通に収入印紙を貼って3通とも提出します。印紙を貼った1通は公証役場に保管され、残りの2通は返却されます。そのうち「謄本」と書かれたほうを登記申請のときに提出し、最後の1通は会社で保管しておく原本となります。

"変更"なら認証不要

公証役場での認証は、会社を設立するときだけ受けるものです。起業後に定款の内容を変更するケースがあるかもしれませんが、定款の変更には公証人の認証は必要ありません。もっとも、認証は不要でも登記事項の変更には法務局への登記申請が必要ですから、その費用はかかります。

会社作りの
コトバ **34** WORD
謄本／抄本

謄本は、原本の内容をすべて写した物のこと。抄本は、原本の内容の一部を写した物です。例えば、戸籍謄本といえば世帯全員分の写しで、戸籍抄本なら必要な人の分だけの写しを意味します。

※電子定款の場合、テレビ電話による認証も可能。

全発起人が揃わないときは委任状を

委任状

(住所)　東京都目黒区○○ 1-2-3

(氏名)　○○○○

> 発起人の代わりに出向く代理人の住所と氏名

私どもは上記の者を代理人と定め、次の権限を委任します。

　株式会社シンセイの定款につき、各発起人の記名押印をそれぞれ自認し、公証人の認証を受ける嘱証手続き一切の件

　令和○年○月○日

> 定款作成日より早い日付を書かないよう注意

(商号)　株式会社シンセイ

　　　東京都○○区○○ 4-5-6
　　　発起人　新星太郎　　　印

　　　東京都○○市○○ 1-2-3
　　　発起人　○○○○　　　印

> 発起人全員の住所と氏名を書いて実印を押す

注）委任状の後に定款原案を添付し、契印をする

公証役場に持っていくもの

定　款	同じ定款を3通提出する。そのうち2通は「会社保存原本」「謄本」として戻ってくる
申告書	実質的支配者について日本公証人連合会の書式による申告書が必要（122ページ参照）
印鑑証明書	発起人全員の印鑑証明書。代理人に委任する場合はその代理人の印鑑証明書も必要
印　鑑	実印を持参する。代理人に委任する場合はその代理人の実印も必要
※お　金	収入印紙代4万円、認証手数料5万円※、謄本交付手数料250円（用紙1枚につき）

収入印紙は公証役場に売っていないので、あらかじめ郵便局などで購入しておく。貼るのは3通のうち1通だけ。表紙の裏に貼って実印で消印をする

※電子定款の場合、収入印紙代は不要

※資本金100万円未満の場合は3万円、100万円以上300万円未満の場合は4万円

司法書士が語る

定款

のコト

実質的支配者に対して申告書が必要に

平成30年11月30日に施行された改正公証人法施行規則により、定款認証の方式が変わりました。この改正は、法人の実質的支配者を把握し、法人の透明性と暴力団員などによる法人の不正使用（マネーロンダリングやテロ資金供与など）を抑止することが目的です。電子認証、書面による認証の両方が対象となります。

定款認証をする際、その嘱託人は法人設立時の実質的支配者となるべき者について、その氏名、住所、生年月日などと、その者が暴力団員などに該当するか否かを公証人に申告することになります（※）。申告された実質的支配者が暴力団員などに該当する、または該当するおそれがあるときは、申告内容などについて公証人に説明しなければなりません。説明されても、この法人の設立行為に違法性があると認められる場合は、公証人は認証することができません。

また、実質的支配者が暴力団員などに該当しない場合、定款の認証を行いますが、従来のものに「嘱託人は、『実質的支配者となるべき者である○○○○は暴力団員などに該当しない。』旨申告した。」という文言が付け加えられます。

なお、実質的支配者の氏名などの申告は定款認証の嘱託までに行う必要があります。

この変更が適用されるのは、株式会社、一般社団法人、一般財団法人の3つ。実質的支配者は「法人の事業経営を実質的に支配することが可能となる関係にあるもの」となっています。詳しい申告の方法や実質的支配者については、日本公証人連合会のホームページなどを参考にしてください。

※令和3年7月から、実質的支配者となるべき者が作成した「表明保証書」を申告書に添付する形でもよくなりました。

5

登記の仕方

会社の設立を登録する手続きが登記です
必要書類を揃えて提出しましょう

株式会社
設立登記
申請書

設立登記申請書

定款をはじめ会社の設立に必要な書類を用意して、法務局で登記申請をします。設立登記申請書は、いろいろな書類の表紙として作成する文書です。

決められたルールを守ってもれなく記入

登記書類の表紙

会社の設立登記申請には、さまざまな書類が必要です。それらをまとめて登記所（法務局）に提出するわけですが、その際に書類の表紙となるのが設立登記申請書です。

どんなことを書くのか

設立登記申請書は、定款と同じように、白紙に自分で記入して作成するタイプの書類です。枠のついた記入欄などはありませんから、必要事項にもれのないよう注意しましょう。

書くべき項目は、商号、本店の所在地（地番まで書く）、資本金・登録免許税の額、添付書類の内容と数など。慣習的にほぼ固定されているので、右ページの作成例や法務省のサイトでダウンロードできる作成例など、ひな型に沿って書けば問題ありません。

記入上のルールを守る

用紙は一般的なコピー用紙で構いませんが、サイズはなるべくA4判を使います。定款は縦書きでも横書きでもOKでしたが、設立登記申請書は横書きで。筆記具は黒インク（ボールペン、プリンタ可）です。この申請書は以後10年間保存されますから、消えやすい鉛筆書きは受けつけてもらえません。万年筆や水性ペンなど、にじみやすいものも避けます。契約書などでは「壱」「弐」など数字を画数の多い漢数字にすることがありますが、設立登記申請書にはアラビア数字を使います。

最後に代表者の住所氏名を書いたら、会社の実印となる代表者印を押します。

会社作りの
コトバ **35**
WORD

事由

ある事柄が生じた原因や理由のこと。日常生活の場面ではあまり耳にすることのない単語ですが、裁判の判決や重要な契約書など、法律的な文脈で原因や理由を示すときには頻繁に用いられています。

設立登記申請書の書き方

正式な商号を書き、フリガナをふる。(株)などと略記しない

定款の記載内容にかかわらず、地番まで書く

資本金の額を書く。金額の前に「金」をつける

調査報告書の作成日と同じ日付を記入する

株式会社設立登記申請書

1. 商号　　　　　　　株式会社新星 _{シンセイ}
1. 本店　　　　　　　東京都○○区○○一丁目2番3号
1. 登記の事由　　　　令和○年○月○日　発起設立の手続終了
1. 登記すべき事項　　別紙のとおりの内容をオンラインにより提出済み
1. 課税標準金額　　　金　５００万円
1. 登録免許税　　　　金　１５万円
1. 添付書類　　定款　　　　　　　　　　　　　　　　　　　　　1通
　　　　　　　　発起人の同意書　　　　　　　　　　　　　　　　1通
　　　　　　　　設立時代表取締役を選定したことを証する書面　　1通
　　　　　　　　払込証明書　　　　　　　　　　　　　　　　　　1通
　　　　　　　　設立時取締役及び設立時監査役の調査報告書及びその附属書類　1通
　　　　　　　　設立時取締役,設立時代表取締役及び設立時監査役の就任承諾書　○通
　　　　　　　　印鑑証明書　　　　　　　　　　　　　　　　　　1通
　　　　　　　　本人確認証明書　　　　　　　　　　　　　　　　○通
　　　　　　　　資本金の額の計上に関する設立時の代表取締役の証明書　1通
　　　　　　　　委任状　　　　　　　　　　　　　　　　　　　　1通

または資本金の1000分の7。高額なほうを払う

添付書類は会社の実状により異なるので注意

上記のとおり登記の申請をします。

令和○年○月○日

　　　申請人　東京都○○区○○一丁目2番3号
　　　　　　　株式会社シンセイ

　　　代表取締役　東京都○○区○○四丁目5番6号
　　　　　　　　　新星太郎　　　　　　　　印

　東京　法務局　　○○　出張所　　御中

本店所在地と商号。ここも正式な商号で記入

登記申請をする日付。これが会社設立日となる

代表取締役の住所と氏名を書き、代表者印を押す

2

登記すべき事項を電磁的記録媒体に記録

以前は商業登記簿として保管される文書は手書きで提出する必要がありましたが、今はCD-RやDVD-Rでの提出が一般的になりました。

商号や本店所在地など必要事項をまとめる

記録の方法には決まりがある

　設立登記申請書に記載する事項のうち、登記すべき事項について、以前は登記すべき事項を文書で提出する必要がありました。この文書に変えて磁気ディスク（電磁的記録媒体）で提出することができるようになりました（平成17年～）。この制度は電磁的記録媒体自体が申請書の一部になるので、別途その内容を印刷して添付する必要はありません。使用できる電磁的記録媒体は日本工業規格X0606形式またはX0610形式に適合する120mm光ディスク（たとえばCD-RやDVD-Rなど）。

　記録の方法は下記のとおりです。

①文字コードはシフトJISを使用しすべて全角文字で作成。

②文字フォントはMS明朝やMSゴシックなどいずれのフォントを使用してもOKです。

③使用する文字はMicrosoftのWindows画面で内容を確認できるもの。㊀や㊁など文字化けしそうなものは使用しないこと。タブは使用しない。数式中で使用する分数の横線は「―」（シフトJISの0X849F（区点：0801））を使用すること。

④ファイルはテキスト形式で記録。

⑤電磁的記録媒体の中にフォルダを作成しないこと。

⑥１枚の電磁的記録媒体に記録できるのは１件のみ。

⑦電磁的記録媒体には申請人の氏名（法人なら商号または名称）を記載した書面を貼り付けること。

　ちなみに、以前使えたOCR用紙は配布が終了し使用不可になりました。

会社作りのコトバ 36 WORD

OCR

Optical Character Readerの略で、訳すと光学式文字読取り装置。前もって文字のパターンを記憶させておき、それと照合することで手書きやプリントされた文字を認識するしくみ。現在は使われていません。

電磁的記録媒体に保存する「登記すべき事項」の作成例

「商号」株式会社新星
フリガナ　シンセイ

「本店」東京都○○区○○一丁目2番3号

「公告をする方法」官報に掲載してする。

なんとなく違和感のある日本語だが、こう書く

「目的」

1　○○の製造販売

2　○○の売買

3　前各号に附帯する一切の事業

「発行可能株式総数」500株

「発行済株式総数」200株

総発行数のうち、設立時に発行する数を記載する

「資本金の額」金500万円

「株式の譲渡制限に関する規定」

当会社の株式を譲渡によって取得するには、取締役会の承認を受けなければならない。

「役員に関する事項」

「資格」取締役

「氏名」新星太郎

「役員に関する事項」

「資格」取締役

「氏名」新星一郎

「役員に関する事項」

「資格」取締役

「氏名」新星二郎

「役員に関する事項」

「資格」代表取締役

「住所」東京都○○区○○四丁目5番6号

代表取締役は氏名のほかに住所も書いておく

「氏名」新星太郎

「役員に関する事項」

「資格」監査役

「氏名」新星花子

「取締役会設置会社に関する事項」

取締役会設置会社

取締役会を設置する場合はこのように書く

「監査役設置会社に関する事項」

監査役設置会社

「登記記録に関する事項」設立

払込証明書

発起人が出資金を払い込んだことを、会社が証明する書類です。代表者印を押した表紙に、振込内容がわかる通帳のコピーを綴じ合わせて作ります。

株式数と払込金額を明記

資本金の払込みを証明する

資本金額は絶対的記載事項として定款に明記しますが、資本金の払込みがきちんとなされたことを、社長になる人が証明しなければなりません。そのための文書が払込証明書です。

保管証明の手間が解消された

発起設立における払込金保管証明書が不要になったことは、会社法の大きな改正点の1つです（→P28）。その代わりにこの払込証明書が登場したのですが、従来の保管証明書は扱ってくれる金融機関を探すだけでひと苦労でしたので、準備する手間はずいぶんと軽減されました。

払込証明書には、出資金が払い込まれたことがわかる書類を添付します。

金融機関が発行する残高証明書というものもありますが、これだけでは資本金か個人の貯金かがはっきりしないので不可。通帳の振込明細ページを使います。払込みの内容がはっきりわかれば、振り込む口座の残高をあらかじめ0円にする必要はありません。

通帳のコピーを添付

通帳の表紙とその裏、そして振込明細のページをそれぞれコピーすれば、「どの金融機関の誰の口座に誰がいくら振り込んだか」の証明になります。これらのコピーと払込証明書（表紙）をステープラで綴じれば完成です。

表紙には設立時に発行する株式の数と資本金の総額を明記します。以前は見開きごとの契印や代表者印が必要でしたが、現在は必要ありません。

会社作りの
コトバ **37**
WORD
キャッシュフロー

キャッシュは「現金」、フローは「流れ」。つまり会社の現金の流れ（増減）をさし、会計上の利益とは違う意味です。現在会社が持っている現金の額を把握することは、資金繰りをするうえで役立ちます。

払込証明書の書き方

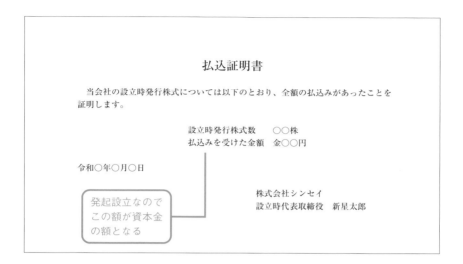

払込証明書

当会社の設立時発行株式については以下のとおり、全額の払込みがあったことを証明します。

設立時発行株式数　　○○株
払込みを受けた金額　金○○円

令和○年○月○日

株式会社シンセイ
設立時代表取締役　新星太郎

発起設立なのでこの額が資本金の額となる

通帳コピーと合わせ綴じる

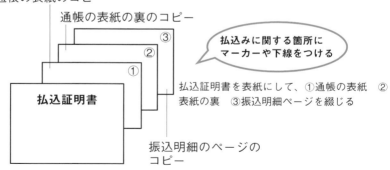

通帳の表紙のコピー

通帳の表紙の裏のコピー

③
②
①

払込証明書

払込みに関する箇所にマーカーや下線をつける

払込証明書を表紙にして、①通帳の表紙　②表紙の裏　③振込明細ページを綴じる

振込明細のページのコピー

払込の時期について
発起人または設立時取締役(発起人からの受領権限の委任がある場合に限る)の口座に払い込まれるなど、当該設立に際して出資されたものと認められるものであれば、定款の作成前の払い込みでもよい(令和4年6月13日法務省民商第286号)。

調査報告書

取締役や監査役になる予定の人は、株式の引受けや資本金の払込みなどについて調査・報告をします。設立形式や現物出資の有無で内容に違いがあります。

難しく考えず定型どおりに作ればOK

出資について調査報告をする

設立時の取締役や監査役に誰がなるか決まったら、役員一同として株式や資本金について調査をし、その調査結果を報告する書類を作成しましょう。

一般的な会社設立の場合、調査するのは「出資の履行が完了したか」ということです。書面には、調査をした日付と株式数、金額などを明記します。

現物出資があるときは

現金以外にモノで出資をすることを現物出資といいます。現物出資がある場合は、登記申請の添付書類として調査報告書を提出しなければなりません（現物出資がなければ、登記申請時に調査報告書の提出は不要です。資料として会社で保管しておきましょう）。

書面には、①現物出資財産の価額が相当か　②弁護士などの証明書は相当か、について記載します。現物出資の総額が500万円を超えるときは弁護士や税理士などに時価を判定してもらわなければなりません（500万円以下は判定不要。また、不動産には不動産鑑定士による鑑定評価書が必要）。

文書名は硬いけれど

取締役と監査役が調査をしますが、まだ設立前なので就任はしていませんから、"設立時"取締役とします。また、登記申請の期限は調査完了から2週間以内なので気をつけましょう。

いくつか注意点はありますが、"調査報告書"といういかめしい名前につられる必要はありません。ひな型に沿って作成すれば問題ない書類です。

会社作りの
コトバ **38**
WORD
不動産鑑定士

文字どおり、不動産の価値を判断して証明する専門家。2次試験合格後に2年間の実務経験を経て不動産鑑定士"補"となり、さらに1年間の実務補修と3次試験合格でようやく取得できる資格です。

調査報告書の書き方（発起設立、現物出資がある場合）

監査役を設置していなければ取締役だけで調査

調査報告書

令和○年○月○日株式会社シンセイ（設立中）の設立時取締役及び設立時監査役に選任されたので、会社法46条の規定に基づいて調査をした。

その結果は下記のとおりであり、法令もしくは定款に違反し、又は不当な事項は認められない。

払込証明書に書かれている日付と一致させる

調査事項

1　令和○年○月○日までに、会社の設立に際し発行する株式の総数（○○株）につき、その発行価額の全額（○○円）の払込みがあったことは、代表取締役新星太郎作成の払込証明書により認めることができる。

2　1）発起人○○○○の引受けにかかる○株について、現物出資の目的たる財産の給付があったことは、令和○年○月○日付の別紙財産引継書により認めることができる。

　　2）本現物出資について、定款に定めた価格は相当であると認める。

なお、発起人が受けるべき特別の利益、会社成立後に譲り受けることを約した財産、会社の負担に帰すべき設立費用などの定めはない。

上記のとおり、会社法の規定に従い報告する。

令和○年○月○日

現物出資があったことと価額の相当性を明記

株式会社シンセイ

設立時取締役　新星太郎
設立時取締役　新星一郎
設立時取締役　新星二郎
設立時監査役　新星花子

就任承諾書

役員に選任された人は、その就任を承諾する旨の文書に記名押印します。形式的な文書ではありますが、大事な登記申請書類の1つです。

役員への就任を承諾する文書

定款による選任を承諾

　株式会社には、必ず1人以上の取締役を置くという決まりがあります。ですから、1人で会社を興すとき、「1人の従業員だけの会社」という形は認められません。その会社の1人目の人間は、自動的に取締役となります。

　小さな会社の設立においては、ほとんどの場合、「発起人＝役員」という図式でしょう。ですが、現実には同じ人間のことでも、法律上は異なる意義を持っていますから、それぞれの役割に応じた手続きが必要になります。

　多くの場合、設置する役員（取締役、監査役、会計参与）について、すでに定款の中で決定し、氏名を記載しています。各役員がその決定を承諾する文書として、就任承諾書というものを作成するわけです。

あくまで形式的な文書

　就任承諾書の書き方は、決して難しいものではありません。就任を承諾した日付と役職名をまず書いて、承諾書の作成日、承諾する各役員の役職名と住所、氏名を列記します。

　右ページの例では全員分をまとめて1枚の用紙で作成していますが、1人につき1枚の就任承諾書を作成して提出しても構いません。

　取締役や監査役の調査報告書（→P130）と同じく、この就任承諾書も大げさなタイトルではありますが、恐るるに足らず。形式的に必要なだけの書類ですから、ひな型の各所を自分の会社に当てはまるよう書き換えて作成すればOKです。

会社作りのコトバ 39 WORD

社外取締役

経営の健全化を促すために置く、業務を行わない取締役。平成14年の商法改正で法的に定義されました。代表取締役やその会社自体と直接の利害関係を持たない有識者が選任されることが多いようです。

就任承諾書の書き方

自分が設立する
会社でも相手は
"貴社"となる

就任承諾書

　私は、令和○年○月○日、貴社の設立時取締役・設立時監査役に選任された
ので、その就任を承諾します。

　　令和○年○月○日

　　　　取締役　東京都○○区○○四丁目5番6号
　　　　　　　　新星太郎　印

　　　　取締役　東京都○○区○○一丁目1番1号
　　　　　　　　新星一郎　印

　　　　取締役　東京都○○区○○二丁目2番2号
　　　　　　　　新星二郎　印

　　　　監査役　東京都○○区○○三丁目3番3号
　　　　　　　　新星花子　印

　　　　株式会社シンセイ　御中

役職と住所・氏
名を書き、個人
の実印を押す

やはり自分の会
社でも、敬称は
"御中"となる

1枚で全役員の
就任承諾書を兼
ねてもよい

印鑑証明書・印鑑届書

印鑑関係の登記書類は、代表取締役個人の印鑑証明書と、会社の実印を登録する印鑑届書、全取締役や監査役の印鑑証明書が必要です。

個人印と代表者印を混同しないように

取締役の印鑑証明書を取る

印鑑証明書は、その印鑑が実印であることを証明する書類です。すでに、取締役個人の印鑑を、市町村役場で実印にしました。ですから、「実印にした」ことの証拠として印鑑証明書を取ることができるわけです。

会社設立時には、代表取締役や、取締役会非設置の場合は、全取締役の印鑑証明書が必要なので、うっかり忘れないように気をつけましょう。

代表者印を実印にする

各取締役の個人印は実印にして印鑑証明書も取ってありますが、今度は代表者印（会社名義の実印）を登録します。そのために提出するのが印鑑届書で、個人の印鑑登録申請書を会社に当てはめたようなものです。

オンライン申請の場合は、印鑑届書の提出は任意ですが、代表者の印鑑証明書が必要などの理由があれば、提出が必要です。

用紙の左上の大きな枠内に代表者印を押印し、必要事項を記入して登記申請書類と一緒に提出します。この印影が代表者印の実印として登録されますから、丁寧に押印してきれいな印影にしましょう。あまりに不鮮明な印影では、受理されないこともあります。

代表取締役が2人いるという場合は、最低1人が代表者印を作成して届け出をすればOK。このとき共同管理はできず、届け出た人が1人で管理します。2人ともが印鑑届を出すなら、別々の印が必要です。1つの代表者印を2人で兼用することはできません。

会社作りの
コトバ **40**
WORD

印鑑カード

印鑑証明書を取るためのカード。実印の届出本人だと証明するもので、平成11年から管轄の各登記所で法人にも交付されています。登記申請の際、印鑑カード交付申請書も提出しておきましょう。

印鑑届書の書き方

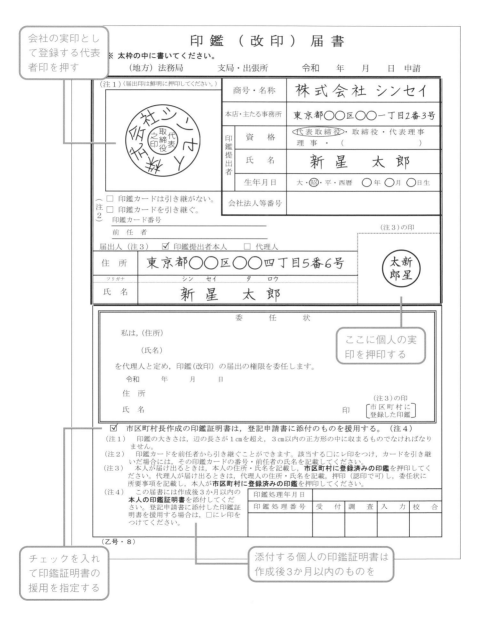

会社の実印として登録する代表者印を押す

印 鑑 （ 改 印 ） 届 書
※ 太枠の中に書いてください。

（地方）法務局　　　支局・出張所　　　令和　年　月　日　申請

（注1）（届出印は鮮明に押印してください。）	商号・名称	**株式会社 シンセイ**
	本店・主たる事務所	東京都○○区○○一丁目2番3号
印鑑提出者	資格	代表取締役・取締役・代表理事 理事・（　　　　　）
	氏名	**新星　太郎**
	生年月日	大・昭・平・西暦　○年○月○日生

□ 印鑑カードは引き継がない。
（注2）□ 印鑑カードを引き継ぐ。
印鑑カード番号　　　　　前 任 者

会社法人等番号

届出人（注3）　☑ 印鑑提出者本人　□ 代理人

住所	東京都○○区○○四丁目5番6号	（注3）の印
フリガナ 氏名	シン　セイ　　タ　ロウ **新星　太郎**	太新 郎星

ここに個人の実印を押印する

委 任 状

私は，(住所)

（氏名）

を代理人と定め，印鑑(改印)の届出の権限を委任します。

令和　年　月　日

住所

氏名　　　　　　　　　　　　　　　　印　（注3）の印
市区町村に登録した印鑑

☑ 市区町村長作成の印鑑証明書は，登記申請書に添付のものを援用する。　（注4）

（注1）　印鑑の大きさは，辺の長さが1cmを超え，3cm以内の正方形の中に収まるものでなければなりません。
（注2）　印鑑カードを前任者から引き継ぐことができます。該当する□にレ印をつけ，カードを引き継いだ場合には，その印鑑カードの番号・前任者の氏名を記載してください。
（注3）　本人が届け出るときは，本人の住所・氏名を記載し，**市区町村に登録済みの印鑑**を押印してください。代理人が届け出るときは，代理人の住所・氏名を記載，押印（認印で可）し，委任状に所要事項を記載し，本人が**市区町村に登録済みの印鑑**を押印してください。
（注4）　この届書には作成後3か月以内の**本人の印鑑証明書**を添付してください。登記申請書に添付した印鑑証明書を援用する場合は，□にレ印をつけてください。

印鑑処理年月日					
印鑑処理番号	受付	調査	入力	校合	

（乙号・8）

チェックを入れて印鑑証明書の援用を指定する

添付する個人の印鑑証明書は作成後3か月以内のものを

財産引継書など現物出資がある場合

現物出資がある場合は財産引継書が必要です。また、資本金の額の計上に関する設立時代表取締役の証明書も必要となってきます。

どちらも出資に関する必要書類

財産引継書は現物出資の際に

資本金を出資する方法として、現金の出資でなくモノを提供して出資することを、現物出資といいます(→P102)。現物出資をした発起人から、会社つまり発起人の代表者へモノが譲り渡されるのですが、この現物出資があるときは、調査報告書(→P130)の附属書類として財産引継書が加わります。

財産引継書には、現物出資となるモノの一般名や固有名、型番、出資時現在の時価を記載します。現物出資の内容は定款そのものにも記載する必要があります。財産引継書を作成するときは、出資するモノのデータや出資者の住所氏名などが、定款に書いてある内容と一字一句違わず同じになるよう、丁寧に書きましょう。

発起人が1人でも自分宛に作成

小さな会社は1人で起業するケースもあると思いますが、その場合も自分宛に財産引継書を作成します。

また、不動産や有価証券などは名義変更が必要ですが、その手続きは設立登記が完了したあとで構いません。

次ページのような「資本金の額の計上に関する証明書(資本金の額の計上に関する設立時代表取締役の証明書)」も必要となってきます。

発行株式についての同意書

設立時発行株式について、引受人や引受け数などを定款に記載していない場合は、発起人の同意書を添付します。株式の引受け内容と記名は、必ず発起人全員について記載しましょう。

会社作りの
コトバ **41**
WORD

譲渡所得税

土地や建物などの資産を譲渡(売却)した際、利益が出た場合にかかる税金です。不動産などを現物出資するときには、発起人から会社への譲渡なので、発起人に譲渡所得税の納税義務が生じることも。

財産引継書の書き方

財産引継書

1　現物出資の目的たる財産の表示

ノートパソコン　○○社　○○○○○○
型番○○－○○○
この価格　金○○円

私所有の上記財産を現物出資として給付します。

令和○年○月○日

発起人　東京都○○区○○四丁目5番6号
新星太郎

株式会社シンセイ　御中

> 定款に記載した内容と必ず同一にすること

資本金の額の計上に関する証明書の書き方

資本金の額の計上に関する証明書

① 払込みを受けた金銭の額（会社計算規則第43条第1項第1号）
金○○円

② 給付を受けた金銭以外の財産の給付があった日における当該財産の価額
（会社計算規則第43条第1項第2号）
金○○円

③ ①＋②
金○○円

※資本金の額○○円は、会社法第445条及び会社計算規則第43条の規定に従ってされたことに相違ないことを証明する

令和○○年○月○日

東京都○○区○○町1丁目2番3号
株式会社　シンセイ

代表取締役　新星太郎

> 出資される財産が金銭のみの場合、この書類は不要

取締役決議書

複数の取締役から代表取締役を選ぶ会社は、取締役決議書を作成して提出し、その選定を明らかにします。1人で会社を作る場合には必要ありません。

取締役が集まって代表取締役を決める

代表取締役の選定を確定

一般的に「社長」と呼ばれるのが代表取締役です。代表取締役は、取締役が複数いる場合に、その人たちを代表する立場の役職です。

取締役が3名以上いて取締役会を設置する会社は、必ず代表取締役を1名選びます。取締役会を設置しない会社では、代表取締役の選定は必須事項ではありませんが、とくに代表者を置くことができない合理的な理由がなければ、選定しておくのが普通です。1人の発起人が会社を設立する場合は、その人が自動的に取締役となり、そのまま代表取締役となります。

代表取締役は、普通は1人を選びますが、2人以上の代表取締役を選定しても構いません。

設立時の取締役が集まって代表取締役の選定を決議したら、その記録として取締役決議書を作成します。代表取締役の選定は出席者の2分の1以上の賛成によって決議されます。

2通作って記名押印する

取締役決議書には、年月日や開会・閉会時刻、会議の場所と住所なども記載します。出席した設立時取締役の押印は不要です。

右ページの例と完全に同じ単語・表現でなくとも構いませんが、だいたいは似通った文面で作られていますので、参考にしてください。

取締役決議書は同じものを2通用意して、1通は登記書類として提出し、残りの1通は会社で保管しておくようにしましょう。

会社作りの
コトバ **42**
WORD
取締役会

3名以上の取締役で構成する、会社の最高意思決定機関です。株主総会の決議事項を除いて、あらゆる決定権を持ちます。株式会社は取締役会の設置が必要でしたが、会社法により任意となりました。

取締役決議書の書き方

取締役決議書

取締役が1人しかいなければ決議書は必要ない

　令和○年○月○日午前○時○分、東京都○○区○○一丁目2番3号の株式会社シンセイ創立事務所に設立時取締役総数3名中全員が集まり、下記議案につき決議をなした。設立時取締役新星太郎は選ばれて議長となり、当該決議は適法に成立したことを認めた。

スペースを調整して見やすい位置に氏名を書く

　　　　　　　　議案　設立時代表取締役選定の件

　議長は設立時代表取締役の選定につき諮ったところ、全員一致をもって次のとおり選定した。

　　設立時代表取締役　新星太郎
　　なお、被選定者はその就任を承諾した。

　以上をもって議案の決議を終え、午後○時○分に閉会した。
　上記決議を明確にするため、この議事録を作成し、出席した設立時取締役全員が記名押印する。

　　　　令和○年○月○日

　　　　株式会社シンセイ

　　　　　出席設立時取締役　新星太郎
　　　　　出席設立時取締役　新星一郎
　　　　　出席設立時取締役　新星二郎

発起人会議事録

定款の本店所在地の記載は最小行政区画までで構いませんが、登記申請には地番までの住所が必要です。それを発起人会で決議して、書面にまとめます。

発起人が1人の会社でも決定書として作成

本店所在地を地番まで決める

発起人が集まって会議を開いたとき、その決議事項を記録した文書を発起人会議事録といいます。定款に記載していない事項を補って定めるための書類です。

多くの場合、本社を移転するときの定款変更の手間を考えて、定款では本店所在地を最小行政区画までしか記載しません（→P100）。ですが、登記申請のときには本店所在地を地番まで決めておく必要があります。そのために、発起人会議事録を添付するわけです。いわばこの書類の役割は、本店所在地を地番まで決めることがそのほとんどだといっていいでしょう。

基本的な書面の作り方は、開会した日付や時刻から始まって、出席者の記名または署名で終わる、というもので、代表取締役を選定する取締役決議書と同じ形式です（→P138）。

役員や発行株式数なども

本店所在地のほかに、役員の選任や設立時発行株式についても、定款に記載がなければ発起人会で決議し、議事録に盛り込みます。ただ、いずれも定款を作る段階で記載しておくケースが一般的です。

また、もし自分1人が発起人となって会社を設立するときでも、本店所在地の地番や役員の選任などが定款に書かれていなければ、この文書は必要です。その場合は、"会"ではありませんので、「発起人決定書」という名前の文書として同じように作成し、申請書類として提出します。

会社作りの
コトバ **43**
WORD
発起人会

会社の設立に際して、定款に記載していない事項を決議するため、発起人が集まって開く会議のことです。発起人が1人しかいない場合は、自分の頭の中で"個人会議"を開いて決定します。

発起人会議事録の書き方

発起人会議事録

令和○年○月○日午前○時○分より、東京都○○区○○一丁目2番3号当会社創立事務所において、発起人2名中全員が出席し、発起人会を開催した。その席上、下記の議案を審議し、全員一致で決議をした。

第1号議案　本店所在場所の決定に関する件

当会社の本店は創立事務所の所在地である下記の場所に置くこととする。

本店　東京都○○区○○一丁目2番3号

> 定款の記載が最小行政区画までのときに必要

第2号議案　設立時取締役及び監査役の選任に関する件

当会社の設立時取締役及び監査役として下記の者を選任する。

> 役員の氏名が定款に書かれていない場合の例

設立時取締役　新星太郎
設立時取締役　新星一郎
設立時取締役　新星二郎
設立時監査役　新星花子

上記決議を明確にするため、この議事録を作成し、出席した発起人全員が記名押印する。

令和○年○月○日

株式会社シンセイ　発起人会

発起人　東京都○○区○○四丁目5番6号
　　　　新星太郎

発起人　東京都○○市○○一丁目2番3号
　　　　○○○○

オンライン登記の仕方

パソコンとインターネットの環境が整っていれば、登記所へ出向かずにオンラインで登記申請ができます。法務省のサイトをチェックしてみましょう。

自宅にいながら設立登記！

すべての本局で可能

オンライン登記は法務省のサイトで行われていましたが、平成23年2月14日から、会社の設立登記が登記・供託オンラインシステムを通じて行えるようになりました。登記所が遠くにある人には重宝するサービスといえるでしょう。

登記所には本局から出張所までありますが、現時点で、全都道府県の本局がオンライン登記に対応しています。支局レベルでも対応登記所は増えてきていますし、人口の多い地域では出張所でもオンライン登記が可能な所も。対応登記所の一覧は法務省のサイトで検索できます。また、オンライン登記の場合、印鑑届書の提出は任意ですが、登記申請と同時ならオンラインでの提

出も可能です。

ネットバンクも使える

オンライン登記の大まかな流れは右ページのとおり。注意点としては、事前に電子証明書を取得しておくこと、申請用総合ソフトをダウンロードして使うこと、などがあります。許可書などもオンラインで取得できます。

申請書類が受理されれば、最後に登録免許税を納付しますが、これもインターネットバンキングが利用できます。また、電子納付に対応しているATMで納めることも可能です。

電子納付する場合の納付期限は、申請書情報が登記・供託オンライン申請システムに到達した日の翌日から起算して3日以内（ただし、行政機関が休日となる日は数えません）となります。

会社作りのコトバ **44** **WORD**

電子証明書

データとしての文書を作成した際、それを暗号化することを電子署名といいます。その復元のための公開鍵が誰のものかを証明するのが電子証明書で、専門の第三者機関たる業者が発行しています。

オンライン登記の流れ

① 電子証明書を取る
> 登記の前に、あらかじめ電子証明書を取得する

② 申請用総合ソフトをインストール
> 必要なパソコン環境が整っているか確認を

③ 申請者情報を登録する
> 申請者IDと申請用のパスワードを取得する

④ 登記・供託オンラインシステムにログイン
> 申請・請求に必要な様式を一覧画面より選ぶ

⑤ 申請書・添付書類を作る
> 申請書情報を編集する形で書類を作成する

⑥ 申請書類を送る（電子署名の上送信）
> 申請情報以外の添付書類は紙を使うことも可能

⑦ 状況を確認する
> 申請情報などが正しく送信されたかを確認

⑧ 登録免許税を納める
> ネットバンクのほか、電子納付対応のATMも可

※電子定款の場合、テレビ電話での認証をすれば、
定款認証の嘱託及び設立登記の申請を同時に行える。

株式会社へ変更するには

旧有限会社や合資・合名会社から株式会社への変更手続きです。新たな起業ではありませんが、株式会社設立の番外編として概要を見ておきましょう。

いったん解散すると同時に設立

有限会社から株式会社へ

会社法で旧有限会社は株式会社になりましたが（→P14）、とくに手続きをしなければ、実質的な経営形態は有限会社のままです（特例有限会社）。

名実ともに株式会社になるには、まず定款を変更して現在の「有限会社」という言葉が入った商号を変更します（そのまま「株式会社」の語に差し替えるのが一般的でしょう）。それから、いったん有限会社としての解散登記をして、それと同時に株式会社の設立登記をすれば手続きは完了です。

メリットとデメリット

株式会社への変更は義務ではないので、会社の実状に応じてメリットとデメリットを検証したうえで判断してく

ださい。おもなメリットとしては、株式の譲渡制限が必須でないため大規模な公開会社への道が開けること、商号に「株式会社」の4文字が入りネームバリューが高まることなどがあります。反対にデメリットは、定款の変更をはじめ手続きの手間と費用がかかること、役員の任期が生じるため任期ごとに変更登記が必要なことなどです。

そのほかの会社からの変更

確認会社（いわゆる1円会社→ P17）や合資・合名会社からも、株式会社に変更することができます。確認会社は定款の解散事由（5年以内に増資できなければ解散）を削除し、合資・合名会社は定款を作成して公告と債権者への債務履行請求をし、それぞれ解散登記と設立登記を行います。

会社作りの
コトバ **45**
WORD
特例有限会社

現在ある株式会社のうち、会社法が施行される前までは有限会社で、株式会社などへの定款変更の手続きをしていない会社。実際の運営に支障はなく、決算公告が不要などのメリットも引き継がれています。

株式会社になるための手続き

特例有限
会社

解 散 登 記

定款を変更し
て商号を変え、
登記所で特例
有限会社の解
散登記をする

設 立 登 記

株式会社とい
う語を入れた
新しい商号で、
改めて設立登
記を行う

株式会社

登記所での手続きに加えて、会社名
義で作っていた金融機関の口座を名
義変更するなどの手続きが必要

どっちが得？　株式会社 VS 特例有限会社

	株式会社にする	特例有限会社のまま
メリット	●会社規模を大きくしやすい ●社会的信用度が高い	●役員の任期がないため変更登記が不要 ●計算書類の公告が不要
デメリット	●定款の変更と設立登記の手間と費用がかかる ●役員の任期が来るたびに変更登記の手間と費用がかかる	●公開会社になれないため会社規模を大きくしにくい ●「株式会社」と名乗れない

┤未来の社長におくる├ ミ ─ 二 ─ 知 ─ 識 ─ **11**

結局のところ
1円会社はどうなった？

全国の設立数としては統計がなく、計何社が誕生し
たかははっきりしません。ただ、資本金がとても少
ない会社は、銀行をはじめ社会的信用は得られな
かったようです。

登記後に必要な交付申請

設立登記のあとにやってくる税務署や社会保険事務所などへの届出に備えて、登記が完了すれば取得できる必要書類の交付申請をしておきましょう。

登記事項証明書は5通ほど請求しよう

届出用の書類を取っておく

設立登記が完了したら、そのあとに税務署などへの届出を行います。登記だけでなく届出まで済ませた時点で、会社が実質的に開業するのです。

各種届出に必要な書類は、基本的にそれぞれの提出先となる機関で手に入れます。ですが、登記が完了すればすぐ登記所で取れる書類もあるので、まずはこれを取っておきましょう。

2つの証明書と印鑑カード

登記所つまり法務局で取得するのは、①登記事項証明書　②印鑑証明書③印鑑カード（→P134）、の3つです。それぞれ、交付申請書を提出します。

登記事項証明書は登記簿謄本とも呼ばれ、文字どおり登記した内容を証明する書面のことです。印鑑証明書は、すでに個人の実印について取得・提出しました（→P134）。今度は、印鑑届書により実印となった会社の代表者印について、それが実印であることの証明書として取得します。さらに、印鑑証明書を取るとき必要になる印鑑カードも取っておきます。

必ず"履歴"事項証明書を

登記事項証明書には、履歴事項証明書・現在事項証明書・閉鎖事項証明書（下記囲み参照）・代表者事項証明書（代表者に関する証明）の4種類があります。それぞれに全部事項証明書と一部事項証明書があります。証明内容に不十分な場合があるので、履歴事項全部証明書を取得してください。何通か必要になるので5通ほど請求を。

会社作りの
コトバ **46**
WORD
閉鎖事項証明書

ある会社が移転して管轄の登記所が変わったとき、元の登記所にある登記簿（登記事項の記録）は引き続き保管されます。その登記簿の証明が閉鎖事項証明書です。会社の過去を知る登記簿といえます。

登記事項証明書交付申請書の書き方

会社法人用

登 記 事 項 証 明 書
登 記 簿 謄 抄 本 交付申請書
概 要 記 録 事 項 証 明 書

※ 太枠の中に書いてください。

(地方) 法務局　　　　支局・出張所　　　　令和　　年　　月　　日　申

提出の必要な場面が多いため、5通ほど取る

窓口に来られた人 (申請人)	住　所	東京都○○区○○四丁目5番6号
	フリガナ	シン　セイ　タ　ロウ
	氏　名	新　星　太　郎

収入印紙欄

商号・名称 (会社等の名前)	株式会社 シンセイ
本店・主たる事務所 (会社等の住所)	東京都○○区○○一丁目2番3号
会社法人等番号	

収 入
印 紙

収 入
印 紙

※ 必要なものの□にレ印をつけてください。

請　　求　　事　　項	請求通数
①全部事項証明書（謄本） ☑ 履歴事項証明書　(閉鎖されていない登記事項の証明) ※現在効力がある登記事項に加えて、当該証明書の交付の請求があった日の3年前の日の属する年の1月1日から請求があった日までの間に抹消された事項を記載したものです。 □ 現在事項証明書　(現在効力がある登記事項の証明) □ 閉鎖事項証明書　(閉鎖された登記事項の証明) ※当該証明書の交付の請求があった日の3年前の属する年の1月1日よりも前に抹消された事項を記載したものです。	5 通
②一部事項証明書（抄本）　※ 必要な区を選んでください。 □ 履歴事項証明書　　□ 株式・資本区 □ 現在事項証明書　　□ 目的区 □ 閉鎖事項証明書　　□ 役員区 　　　　　　　　　　□ 支配人・代理人区 ※商号・名称区及び会社・法人状態区は、どの請求にも表示されます。　※2名以上の支配人・参事等がいる場合で、その一部の者のみを請求するときは、その支配人・参事等の氏名を記載してください 　　(氏名　　　　　) 　　(氏名　　　　　) □ その他（　　　　　）	通
③□代表者事項証明書　(代表権のある者の証明) ※2名以上の代表者がいる場合で、その一部の者の証明のみを請求するときは、その代表者の氏名を記載してください。(氏名　　　　　)	通
④コンピュータ化以前の閉鎖登記簿の謄抄本 □ コンピュータ化に伴う閉鎖登記簿謄本 □ 閉鎖謄本（　　年　　月　　日閉鎖) □ 閉鎖役員欄（　　年　　月　　日閉鎖) □ その他（　　　　　）	通
⑤概要記録事項証明書 □ 現在事項証明書 (動産譲渡登記事項概要ファイル) □ 現在事項証明書 (債権譲渡登記事項概要ファイル) □ 閉鎖事項証明書 (動産譲渡登記事項概要ファイル) □ 閉鎖事項証明書 (債権譲渡登記事項概要ファイル) ※請求された登記記録がない場合には、記録されている事項がない旨の証明書が発行されます。	通

収入印紙は割印をしないでここに貼ってください。
(登記印紙も使用可能)

交付通数	交付枚数	手数料	受付・交付年月日

(乙号・6)

会社番号がわかっている場合は記載

下段にも履歴事項証明書の欄があるので注意

金融機関に口座を開く

業務上の入出金を行う口座として、会社名義の口座を開設します。普段の使いやすさや融資申請の予定などを考えて、適した金融機関を選びましょう。

自分の会社に合った金融機関を選ぶ

会社名義の口座を開こう

届出とともに忘れてならないのが、会社の名前で金融機関に口座を開設することです。取引上の入金や支払いだけでなく、従業員の給料や社会保険料、公共料金の支払いなど、会社のお金は頻繁に出入りしますから、会社名義の口座は必ず作っておきます。

設立準備のときに、発起人の指定口座に資本金を払い込みましたが、それと同じ金融機関に口座を開くのが一般的です。あとで会社名義の口座を開くことを想定して、資本金を払い込む金融機関を選ぶといいかもしれません。

小さな会社には、都市銀行や地方銀行よりも、地域の中小企業をおもな利用対象としている信用金庫のほうが、融資申請などを考えれば適していると

いえます。とはいえ、最近は都市銀行はインターネットバンキングも整備され、その機能性は小さな会社こそ役立つでしょう。ひとまず信用金庫と都市銀行の両方に口座を開くと便利です（ゆうちょ銀行にも口座は開けますが、資本金の払込口座にはできません）。

必要書類を忘れずに

法人として口座を開くには、登記事項証明書や代表者の印鑑証明書など、提出すべき書類があります。必要書類は金融機関によって異なりますので、事前に確認して用意しましょう。

法人用の口座といえば当座預金口座が思い浮かぶかもしれませんが、これは小切手や手形専用の口座。開設には金融機関との取引実績が必要なので、当面は普通預金口座だけで十分です。

会社作りのコトバ 47 WORD

小切手／手形

現金を扱うのが危険な高額の支払いを、金融機関に委託するための有価証券が小切手。それに支払い期日を指定できるのが手形です。どちらも、利用するには当座預金口座が必要になります。

いろいろな金融機関がある

都市銀行

東京などの大都市に本店があり全国に支店を持つ。三菱UFJをはじめ3大メガバンクが中心

地方銀行

ある程度の地域内で支店展開をしている銀行。大都市に支店を置いているところもある

信用金庫

一定地域内の中小企業と個人が会員になって利用する、地域活性化が目的の金融機関

ネットバンク

店舗を持たずネット上のみで営業。国内初のネットバンクはジャパンネット銀行で、2000年10月に誕生した

当座預金は小切手と手形専用の口座

	普通預金	当座預金
利用者	個人、法人	ほぼ法人
目的	一般的な入出金・運用	取引の決済
利息	つく	つかない
開設条件	とくになし（本人確認は必要）	信用に基づいた当座契約が必要

会社を解散するには

なるべく避けたい事態ですが、やむを得ず会社をたたむケースもないとはいえません。いざ現実となった場合は、すみやかに専門家へ相談しましょう。

幕引きの仕方も一応知っておこう

解散にも登記が必要

どうしても資金繰りがうまくいかず、経営の見通しが立たなくなったら——。無理に会社を守ろうとした結果、個人保証により一生モノの負債を抱え込んでしまうかもしれません。それよりは、傷が浅いうちに会社をたたんで出直すほうがベターな選択といえるでしょう。

会社の解散には登記が必要ですが、解散登記のほかに、残務処理や財産整理が終了したことを申告する登記をします。最初の登記から2つ目の登記までは、「清算会社」として法人格が残ります。その間、営利目的の通常業務を行うことはできません。

処理業務は清算人が行う

株主総会の決議を経て解散登記をし

たら、清算人が処理業務を行います。清算人には普通、代表取締役がなりますが、定款への記載や株主総会の決議により任意で選任することも可能です。もし、解散登記の申請をするときに清算人を特定していない場合は、役員全員が清算人（代表取締役は代表清算人）となります。

なるべく専門家に任せる

解散手続きの大まかな流れを右ページに示していますが、残務処理や財産整理の作業は非常に複雑で手間もかかります。とくに顧問税理士などを置いていなかった場合は、解散事由が発生しそうな段階で早めに専門家に相談をしましょう。会社の解散が決まったら、以後の手続きも専門家のサポートを受けながら行うようにします。

会社作りの
コトバ **48**
WORD

個人保証

会社が融資を受ける際、社長などが連帯保証人になること。小さな会社への融資では、個人保証がほぼ常識化していて、有限責任社員なのに実質的には無限責任と変わらないという弊害が生じています。

解散手続きの大まかな流れ

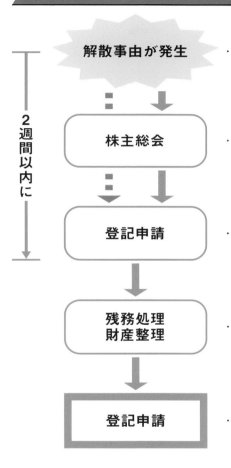

解散事由が発生 ……………… おもな事由は資金繰りの破綻による倒産だが、組織変更や定款に記載されていた解散事由などによる場合も

株主総会 ……………… 解散を決議するには、議決権単位で過半数が出席した株主総会において、3分の2以上の賛成が必要

登記申請 ……………… 解散事由の発生から2週間以内に、解散と清算人の登記を行う。登記費用として計3万9000円がかかる

残務処理 財産整理 ……………… 社長や役員が清算人となり、通常業務の残りを完了させ、債券の回収や債務の返済、残余財産の処理などを行う

登記申請 ……………… 清算作業が終わったら、清算結了の登記をする（※）。この登記が完了すると、会社の登記簿が閉鎖される ※解散から2ヶ月以上を必要とする

2週間以内に

未来の社長におくる ミ 二 知 識 12

解散時にも税金が課せられる？

儲からないからこその解散。そこへ課税されるとは酷な話ですが、残余財産の含み益などが清算所得として課税対象になり得ます。事前に専門家に相談しておきましょう。

司法書士が語る
登記
のコト

登記申請が抱く
コンピュータ化の功罪

18世紀後半に始まった産業革命以来、「手動から自動へ」というのが、あらゆる分野で掲げられた目標でした。ひとことでいえば、作業の効率化ですね。コンピュータが開発されてからは、そうした自動化の傾向がますます強まっていきました。

本書でもオンライン登記や定款の電子認証を紹介していますが、これらも「効率的（かつ正確）な登記申請や認証」を目指して生み出されたものです。

もちろん、コンピュータ化のメリットはあります。しかし、自動化・コンピュータ化による弊害も少なくありません。誤った情報でも一度入力してしまうとなかなか変更ができなかったり、曖昧さを加味した判断ができなくて不具合が起こったり。例えば、名前には常用漢字以外の文字もよく使われますが、法務局が登記簿をデータ管理する際、自動的に常用漢字に変換されることがあります。この場合、「戸籍と違う」と願い出ても、修正するのは難しいようです。もしこの登記簿が手書きなら、文字の上に訂正線でも引いて正しい文字を書き込めば済む話ではないでしょうか。

届出の仕方

めでたく新会社が誕生したら、
税金や保険などの届出をしましょう

① 法人設立届出書

本店所在地を管轄する税務署に、会社を設立した旨を届け出る書面です。定款のコピーや登記事項証明書など、いくつかの添付書類とともに提出します。

管轄の税務署に会社設立を届け出る

「会社を作った」ことを申告

会社には、法人税や法人住民税、あるいは消費税などの税金を納める義務があります（売上額などにより免税条件あり→P198）。そのため、会社を設立したことを税務署などの納税先に申告しなければなりません。その申告書となるのが、法人設立届出書です。

法人設立届出書の提出先は、本店所在地を管轄下に置く税務署と、都道府県税事務所および市町村役場です（→P166）。ただし、本店所在地が東京23区内にある会社は、区役所への届出は必要ありません。

税務署には法人税、都道府県税事務所には法人住民税と法人事業税、市町村役場には法人住民税をそれぞれ納めます（→P200）。

法人設立届出書は会社の設立日から2カ月以内に提出しなければなりませんので、期限に注意してください。

添付書類が多いので注意

右ページにあるとおり、法人設立届出書そのものは1枚の書面です。けれども、添付して提出する書類がいろいろとありますので、抜けのないように用意します。

最低限必要な添付書類は、①定款のコピー　②株主名簿　③設立時の貸借対照表　④設立趣意書（事業概況書）、の4つ（このうち②～④は税務署にのみ提出が必要な書類です）。そのほか、税務署や会社の実状により必要な書類は若干異なりますので、事前に管轄の税務署へ問い合わせて確認しておきましょう。

会社作りの コトバ 49 WORD
貸借対照表

計算書類の1つで、会社の財政状況を把握するために作成します。表の左半分に資産、右半分に負債と資本をまとめる形式です。左右の金額が必ず一致するので、バランスシート（B／S）とも呼ばれます。

法人設立届出書の書き方

会社の設立日から2カ月以内に届出をする

地方の各機関へも同様の届出書を提出する

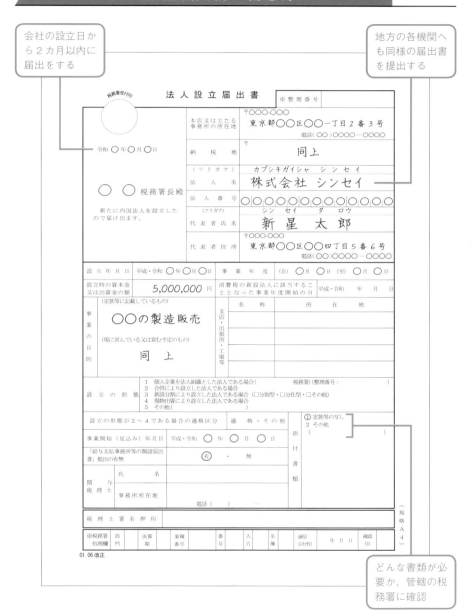

どんな書類が必要か、管轄の税務署に確認

②

青色申告の承認申請書

青色申告は「記帳の徹底と引換えに税制優遇措置を与える」という申告方法。普通はどの会社も青色申告なので、承認申請書を忘れずに提出しましょう。

🏢 青色申告は "ギブアンドテイク" な方法

一般的な申告方法がコレ

法人税の額は会社によって違いますが、税務署（＝国）が「納税額は○○円です」と決めるわけではありません。会社の側が、「今期の所得は○○円だったので、○○円を税金として納めます」と申告して納税します。

ほとんどの会社は青色申告という形式で申告をしていますが、これはほかの形式と見分けやすいように、青色の申告用紙を使うのが名前の由来です。

青色申告は、記帳を習慣づけるために戦後すぐ始まった制度で、「毎日きちんと帳簿をつけて正確に申告する代わりに、優遇措置が受けられますよ」という、いわばギブアンドテイクな申告方法なのです。

おもな優遇措置は、①特別控除（社会情勢や会社の実状に応じて適用されるさまざまな控除）　②欠損金の繰越し（損金が益金より大きいとき、以後7年間は繰り越した年度の所得から除ける）　③割増償却（特定の償却資産について認められる）、などです。

提出期限は2パターン

青色申告をするための申請書には、商号や事業内容など基本事項のほかに、記帳状況についても記載します。税理士がかかわっている場合は、その関与内容を説明し、税理士本人に署名をしてもらいましょう。

この申請書には2通りの提出期限があります。①会社の設立日から3カ月以内　②会社の設立後最初の事業年度末、のうち先にやってくる日がその会社の提出期限となります。

会社作りの コ ト バ 50
WORD
控除

言葉の意味は「お金や数量などを差し引くこと」ですが、税金の話題で出てくることがほとんど。課税対象額を確定するために差し引かれる金額をさし、基礎控除、給与所得控除のように使われます。

青色申告の承認申請書の書き方

提出期限の決まり方が2種類あるので注意

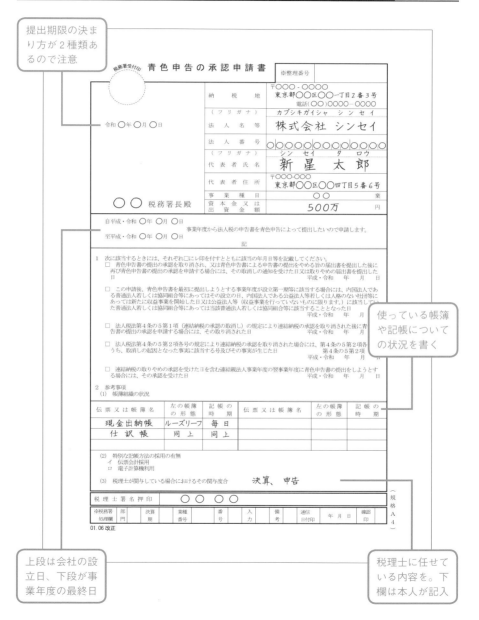

使っている帳簿や記帳についての状況を書く

上段は会社の設立日、下段が事業年度の最終日

税理士に任せている内容を。下欄は本人が記入

棚卸資産の評価方法の届出書

原材料や商品在庫といった棚卸資産の価値を、どのように決めるかについて届出をします。税理士に相談して評価方法を決めるのが一般的です。

どの評価方法にするか専門家と相談を

商品や設備の価値を計る

材料を仕入れて商品を作る、あるいは商品を仕入れて販売する、というような会社は、「やがてお金になる予定のモノ」を常に所有しています。商品を全部作り終えてから材料を仕入れていては遅いですし、商品の仕入れも販売と並行して行うのが普通です。

そのような材料や商品、作っている途中の商品などは会社の資産とみなされ、棚卸資産と呼ばれます。ですから、例えば人材派遣やサービスの提供など、モノを扱わない会社には棚卸資産がないので、この届出書は不要です。

棚卸資産はモノなので、そのままでは資産として計算できません。価額や扱いを決める必要があります。その決め方（評価方法）を届け出るのがこの書面の役目です。

専門家に頼むのが無難

評価方法は大きく「原価法」と「低価法」に分かれ、さらに原価法は6つに分かれています。どの評価方法にするかで利益や納税額に影響が出るため、会社の実状に合わせて選択すべきなのですが、現実として、一般の人が適切な判断をするのは困難です。専門家レベルの見識が必要なので、税理士に相談することをおすすめします。また、税務署の担当者が相談に乗ってくれる場合もあります。

届出書の提出期限は最初の事業年度の確定申告時。届出をしなかった場合は自動的に最終仕入原価法（年度内で最後に仕入れた単価を全在庫に適用する）で評価されます。

会社作りのコトバ 51 WORD

損益計算書

計算書類の1つで、最終的な損益を出すために作成します。表の最上段に売上額を書き、その下に経費や営業利益（通常業務による利益）、経常利益（本業以外で得た利益）などの加減を記録していきます。

棚卸資産の評価方法の届出書の書き方

設立して最初の
確定申告のとき
に提出する

評価方法の書き
方は税理士に相
談して判断を

アドバイスをし
た税理士が署名
して押印する

別の事業を始め
たときに提出す
ることもある

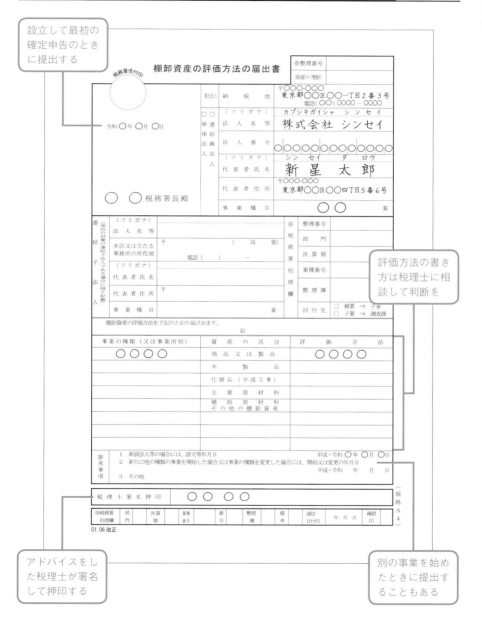

棚卸資産の評価方法の届出書

税務署受付印

※整理番号
※届出グループ整理番号

令和○年○月○日

	納 税 地	〒○○○-○○○○ 東京都○○区○○一丁目2番3号 電話(○○)○○○○-○○○○
□単体法人 □連結親法人	(フリガナ)	カブシキガイシャ シンセイ
	法 人 名 等	株式会社 シンセイ
	法 人 番 号	○○○○○○○○○○○○○
	(フリガナ)	シン セイ タ ロウ
	代 表 者 氏 名	新 星 太 郎
	代 表 者 住 所	〒○○○-○○○○ 東京都○○区○○四丁目5番6号
	事 業 種 目	○○業

○ ○ 税務署長殿

※税務署処理欄
※整理番号
部門
決算期
業種番号
整理簿
回付先 □ 親署 ⇒ 子署 □ 子署 ⇒ 調査課

連結子法人（届出の対象が連結子法人である場合に限り記載）	(フリガナ) 法 人 名 等	
	本店又は主たる事務所の所在地	〒 (局署) 電話( ) -
	(フリガナ) 代 表 者 氏 名	
	代 表 者 住 所	〒
	事 業 種 目	業

棚卸資産の評価方法を下記のとおり届け出ます。

記

事業の種類（又は事業別）	資 産 の 区 分	評 価 方 法
○○○○	商 品 又 は 製 品	○○○○
	半 製 品	
	仕 掛 品（半 成 工 事）	
	主 要 原 材 料	
	補 助 原 材 料 その他の棚卸資産	

参考事項	1 新設法人等の場合には、設立等年月日	平成・令和○年○月○日
	2 新たに他の種類の事業を開始した場合又は事業の種類を変更した場合には、開始又は変更の年月日	平成・令和 年 月 日
	3 その他	

税 理 士 署 名 押 印	○ ○ ○ ○	（規格A4）

※税務署処理欄	部門	決算期	業種番号	番号	整理簿	備考	通信日付印 年 月 日	確認印

01. 06 改正

減価償却資産の償却方法の届出書

建物や機械など、時間とともに消耗する資産の経費算入の方法を決める書類です。必要に応じて提出するもので、全会社の必須書類ではありません。

届出の期限は最初の確定申告まで

使うと価値が減る資産

減価償却資産とは、長い期間使い続ける資産をさします。次第に消耗して"時価"が下がっていくので、取得費用を単純にその年度の経費とするのは、実状に即していません。

例えば、10年間使える100万円の機械を買ったら、その年度の経費は「100万円」ではなく、「年度中に消耗した価値」を計算して経費とします。

とはいえ、同じ製品でも耐用年数には個体差があるので、資産となり得るいろいろなモノについて、耐用年数の基準が決まっています。鉄筋コンクリートの建物は50年、普通自動車は6年といった具合です。

また、減価償却資産には機械のような"モノ"だけでなく、生き物、特許・権利など無形の資産も含まれます。

2つの償却方法がある

建物・動植物・無形の資産の3つは、必ず定額法という償却方法を採ります。決まった計算式で償却費が導かれ、毎年度同じ額を経費として計上するのです。そのほかの資産の償却方法は基本的に定率法で、毎年度同じ"割合"で償却費が減っていきます（初年度が一番多額で年々少額になります）。

つまり、この届出書は、本来定率法で計算するところを定額法に変えたいときに提出する書類なのです。

定率法は起業直後の経費が大きいため節税効果はありますが、償却費の計算が複雑。いっぽう、定額法は節税効果が薄い代わりに計算が楽です。長所短所を検討して選びましょう。

会社作りの
コトバ **52**
WORD
少額減価償却資産

耐用年数が1年未満、または取得価額が10万円未満の減価償却資産のこと。使用した事業年度の損金に購入価格の全額を算入できます。耐用年数は実際の使用方法や使用頻度を考慮して決定します。

減価償却資産の償却方法の届出書の書き方

提出期限は、最初の事業年度の確定申告時

納税地は本店所在地。印鑑は代表者印を押す

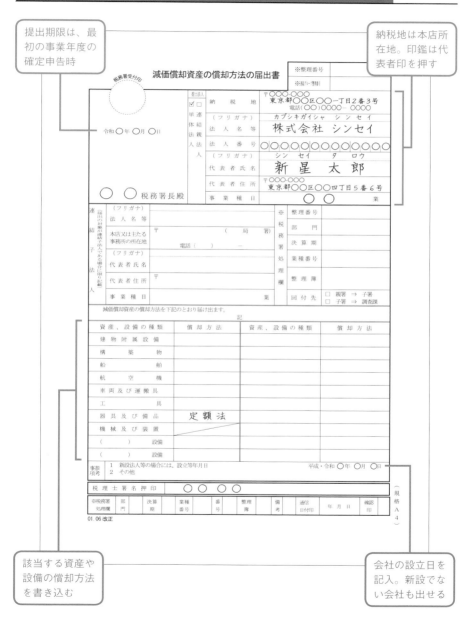

減価償却資産の償却方法の届出書

※整理番号
※種目・種別

税務署受付印

令和○年 ○月 ○日

提出法人 ☑□ 単連体結親法人法人	納 税 地	〒○○○-○○○○ 東京都○○区○○一丁目2番3号 電話(○○)○○○○-○○○○
	(フリガナ) 法 人 名 等	カブシキガイシャ シンセイ 株式会社 シンセイ
	法 人 番 号	○○○○○○○○○○○○○
	(フリガナ) 代 表 者 氏 名	シン セイ タ ロウ 新 星 太 郎
	代 表 者 住 所	〒○○○-○○○○ 東京都○○区○○四丁目5番6号

○ ○ 税務署長殿

| 事 業 種 目 | ○ ○ 業 |

連結子法人 (届出の対象が連結子法人である場合に限り記載)	(フリガナ) 法 人 名 等		※税務署処理欄	整 理 番 号	
	本店又は主たる事務所の所在地	〒 (局 署) 電話( ) -		部 門	
				決 算 期	
	(フリガナ) 代 表 者 氏 名			業種番号	
	代 表 者 住 所	〒		整 理 簿	
	事 業 種 目	業		回 付 先	□ 親署 ⇒ 子署 □ 子署 ⇒ 調査課

減価償却資産の償却方法を下記のとおり届け出ます。

記

資産、設備の種類	償 却 方 法	資産、設備の種類	償 却 方 法
建 物 附 属 設 備			
構 築 物			
船 舶			
航 空 機			
車 両 及 び 運 搬 具			
工 具			
器 具 及 び 備 品	定 額 法		
機 械 及 び 装 置			
( ) 設備			
( ) 設備			

事参項考	1 新設法人等の場合には、設立等年月日 2 その他	平成・令和 ○年 ○月 ○日

(規格A4)

| 税 理 士 署 名 押 印 | ○ ○ ○ ○ |

※税務署処理欄	部門	決算期	業種番号	番号	整理簿	備考	通信日付印	年 月 日	確認印

01.06 改正

該当する資産や設備の償却方法を書き込む

会社の設立日を記入。新設でない会社も出せる

給与支払事務所等の開設届出書

「登記申請をした日から1カ月以内」と期限の短い届出です。従業員の有無にかかわらず、すべての会社が届出書を税務署に提出しなければなりません。

従業員の所得税に関して必要な書類

会社＝給料が発生する場所

会社を設立すると、例え社長1人しかいない会社でも給料の支払いが行われます。給料の支払いがあれば、すべての会社の義務である源泉徴収義務が発生します。つまり会社の誕生は、"源泉徴収が行われる場所の誕生"なのです。その申告として、給与支払事務所等の開設届出書を提出します。

源泉徴収されるのは所得税だけではありません。住民税や社会保険料、雇用保険料も同じく会社が徴収し、本人に代わって納税・納付します。

提出期限は設立後1カ月以内！

この開設届出書の提出期限は、会社の設立日から1カ月以内。税務署への届出書類はいくつかありますが、その

なかでも提出期限が一番早く来る書類です。開業直後は何かと慌ただしく、雑務に追われる日々が続くもの。忘れたり提出し損ねたりしないよう注意してください。

移転・廃止時も同様に届出

書面には、会社つまり"給与支払事務所等"について基本事項を記入していきます。給与支払の状況欄は、役員と従業員を区別して人数や支払い方法などを書き込みましょう。

会社が移転して管轄の税務署が変わったり、やむを得ず会社を解散したりするときも、この同じ書面を使って届出をします。移転するときは、移転前と移転後の両方の所轄税務署に届出書を提出します。移転や廃止の場合も提出期限は1カ月以内となっています。

会社作りの コトバ **53** WORD 源泉徴収	給料が支払われる時点で、会社が所得税を天引きすること。個人事業主やフリーランスの人は自分の所得税を自分で納付しますが、会社勤めの人は、自分の代わりに会社がまとめて納めるのです。

給与支払事務所等の開設届出書の書き方

会社の設立日から1カ月以内に提出すること

商号など基本事項を記入して、代表者印を押す

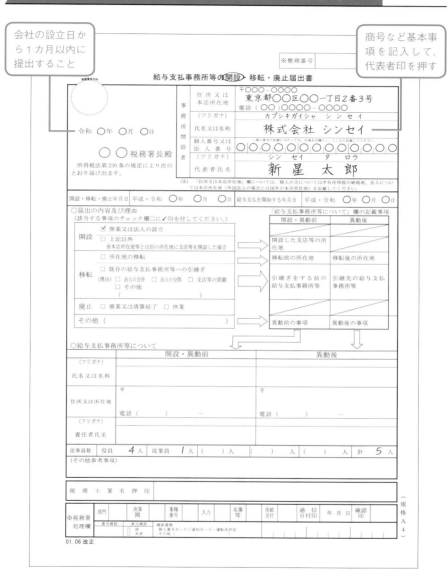

源泉所得税の納期の特例の承認申請書

規定条件を満たす小さな会社がこの申請書を提出すれば、毎月の納税手続きの手間を、年2回に軽減できます。納付時期の資金不足には注意しましょう。

従業員が常時10人未満の小さな会社なら…？

毎月の納税を年2回に

　会社が各従業員の給料から源泉徴収する所得税を源泉所得税といいます。源泉所得税は毎月納めますから、納付作業の手間が毎月かかってしまいます。そこで、小さな会社に限り、毎月の納付を年2回の納付にできるという特例があるのです。

　この特例を受けるために提出するのが、「源泉所得税の納期の特例の承認に関する申請書」という長い名前の書類です。特例が受けられるのは、従業員が常時10人未満の会社です。パートやアルバイト、正社員を問わず、給料を支払う対象の人をすべてカウントして〝10人未満〟が条件となっています（臨時従業員は対象外）。

　年2回の納付時期はあらかじめ決まっていて、1〜6月分が7月10日まで、7〜12月分は翌年の1月20日まで。この時期設定は会社の事業年度に関係なく、すべての会社に共通です。

安くなるわけではない

　この特例は、あくまで納税の手間が12回（毎月）から2回（半年ずつ）に減るというだけで、税金の額が安くなるわけではありませんから間違えないようにしましょう。また、従業員の数にもよりますが、半年分の源泉所得税といえばまとまった金額になります。資金繰りを忘らないよう、くれぐれも注意してください。

　申請書の提出期限はとくに決まっていませんが、ほかにも税務署に提出する書類があることですし、そのときに一緒に出しておきましょう。

会社作りの
コトバ **54**
WORD

還付金

多く納めすぎたため戻ってきた税金。所得には各種基礎控除や医療費控除、配偶者控除など、さまざまな所得控除が適用されるため、該当する控除があれば還付金を受け取れる場合があります。

源泉所得税の納期の特例の承認申請書の書き方

とくに提出期限は決まっていない。任意で提出

源泉所得税の納期の特例の承認に関する申請書

税務署受付印

令和 ○年 ○月 ○日

○ ○ 税務署長殿

※整理番号	
住 所 又 は 本 店 の 所 在 地	〒○○○ - ○○○○ 東京都○○区○○一丁目2番3号 電話 ○○ - ○○○○ - ○○○○
（フリガナ）	カブシキガイシャ シンセイ
氏 名 又 は 名 称	株式会社 シンセイ
法 人 番 号	※個人の方は個人番号の記載は不要です。 ○○○○○○○○○○○○○
（フリガナ）	シン セイ タ ロウ
代 表 者 氏 名	新 星 太 郎

次の給与支払事務所等につき、所得税法第 216 条の規定による源泉所得税の納期の特例についての承認を申請します。

給 与 支 払 事 務 所 等 に 関 す る 事 項	給与支払事務所等の所在地 ※ 申請者の住所（居所）又は本店（主たる事務所）の所在地と給与支払事務所等の所在地とが異なる場合に記載してください。	〒 電話　　　－　　　－		
	申請の日前6か月間の各月末の給与の支払を受ける者の人員及び各月の支払金額 〔外書は、臨時雇用者に係るもの〕	月 区 分	支 給 人 員	支 給 額
		年　　月	外 　　　　　人	外 　　　　　円
		年　　月	外 　　　　　人	外 　　　　　円
		年　　月	外 　　　　　人	外 　　　　　円
		年　　月	外 　　　　　人	外 　　　　　円
		年　　月	外 　　　　　人	外 　　　　　円
	1　現に国税の滞納があり又は最近において著しい納付遅延の事実がある場合で、それがやむを得ない理由によるものであるときは、その理由の詳細 2　申請の日前1年以内に納期の特例の承認を取り消されたことがある場合には、その年月日			

税 理 士 署 名 押 印	○○○ ○○○

※税務署 処理欄	部門	決算 期	業種 番号	番号	入力	名簿	通信 日付印	年 月 日	確認 印

01.06 改正

臨時で雇う従業員は、10人には含まれない

設立時は当然過去の支給がないので空欄のまま

都道府県・市町村への届出

税務署で国税の届出をすると同時に、都道府県税事務所と市町村役場へ地方税の届出をします。法人設立届出書に必要な書類を添えて提出しましょう。

法人設立届出書と添付書類を提出

書類は税務署用と同じ

　国税（法人税）について税務署への届出をしたわけですが、今度は地方税に関する届出をします。会社が納める地方税は、法人住民税と法人事業税です（→P198）。

　地方税の届出は、都道府県税事務所と市町村役場でそれぞれ行います。提出するのは、税務署に出したのと同じ「法人設立届出書」。また、添付書類も定款のコピーと登記事項証明書（必ず履歴事項証明書を）までは同じなのですが、各都道府県税事務所や市町村役場によってほかの添付書類が必要なケースもあります。必ず事前に所轄の事務所・役場へ問い合わせて確認してください。提出期限も全国一律ではなく、都道府県や市町村によって異なり

ますので、問い合わせたときに聞いておきましょう。

東京都は提出期限に注意

　地方税の届出については、東京都とそれ以外の道府県で少し違いがあるので注意してください。

　まず、東京23区内にある会社は、都税事務所への届出が自動的に区役所への届出を兼ねることになっているので、区役所への届出は不要です。また、東京都下（23区以外の地域）は会社の設立日から15日以内に届出をしなければなりません。ほかの道府県では設立後1カ月以内というところが多く、それに比べると非常に短い期間設定といえます。登記申請をした日から2週間しかないわけですから、早めの用意と提出を心がけましょう。

会社作りのコトバ 55 WORD 事業税	何かしら事業を行っている会社（つまり全会社）に対して、その会社のある地方自治体が課す税金。個人なら個人事業税、法人なら法人事業税となります。決算が赤字のときは納める必要がありません。

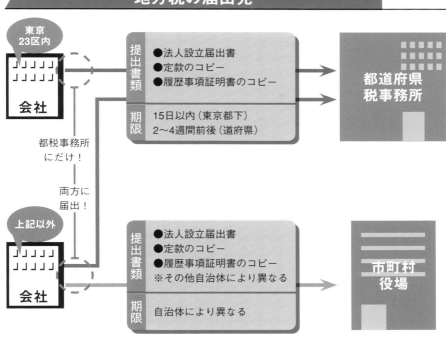

地方税の届出先

東京23区内

会社

都税事務所
にだけ!

両方に
届出!

上記以外

会社

提出書類
●法人設立届出書
●定款のコピー
●履歴事項証明書のコピー

期限
15日以内(東京都下)
2〜4週間前後(道府県)

→ **都道府県税事務所**

提出書類
●法人設立届出書
●定款のコピー
●履歴事項証明書のコピー
※その他自治体により異なる

期限
自治体により異なる

→ **市町村役場**

おもな届出の提出期限

届出	期限	届出	期限
雇用保険適用事業所設置届	10日以内	労働保険概算保険料申告書	50日以内
労働保険関係成立届	10日以内	棚卸資産の評価方法の届出書	最初の確定申告時
法人設立届出書(地方自治体)	15日〜1カ月前後	減価償却資産の償却方法の届出書	最初の確定申告時
法人設立届出書(税務署)	2カ月以内	青色申告の承認申請書	2カ月以内または最初の事業年度末
給与支払事務所等の開設届出書	1カ月以内		

※すべて設立日からの期間

など……余裕を持って準備!

社会保険事務所への届出

すべての法人には、社会保険に加入する義務があります。とくに届出の期限はありませんが、なるべく早く所轄の社会保険事務所で届出をしましょう。

すべての法人が必ず社会保険に加入

社会保険とは

生命保険会社などが商品として販売する私的な保険に対し、健康保険や厚生年金、労働保険（→P174）、雇用保険（→P176）など国が運営する公的な保険があります。社会保険は、公的な保険全体をさしたり、あるいはそのなかの健康保険と厚生年金をさしたりする言葉です。

健康保険と厚生年金には、すべての法人が加入しなければなりません。保険料は所得税のように会社が本人（従業員など被保険者）に代わって毎月納めますが、保険料の半分は会社が負担するよう決められています。

必要書類を確認

社会保険の届出は、本店所在地の所轄の社会保険事務所で行います。用紙に書き込んで作成する書類に加えて、いろいろな添付書類が必要です。記入して作る書類と添付書類は、それぞれ右ページ以降の作成例と囲み記事で説明していますが、地域や会社の実状によって多少異なります。あらかじめ、所轄の社会保険事務所に確認したうえで準備してください。社会保険事務所に行って会社設立の旨を伝えれば、記入用の原紙など必要書類の一式がもらえますから、その際に窓口で尋ねてみてもいいでしょう。

税金関連の届出のように、「設立日から○カ月以内」といった提出期限はとくに決まっていませんが、先述のとおり社会保険への加入は全法人の義務ですから、会社を設立したらすみやかに届出を済ませましょう。

会社作りの
コトバ **56**
WORD
総報酬制

平成15年4月からスタートした、賞与を含めた全年収で社会保険料を計算する制度。それ以前は給料の額を基準に計算していたため、同じ年収でも賞与が多ければ保険料が安いという不均衡がありました。

新規適用届の書き方

提出

そのほかに必要な書類 ①

登記事項証明書

登記申請のときに何通か取って
おいた履歴事項証明書の１通は、
ここで提出するためのもの

適用事業所名称／所在地変更届の書き方

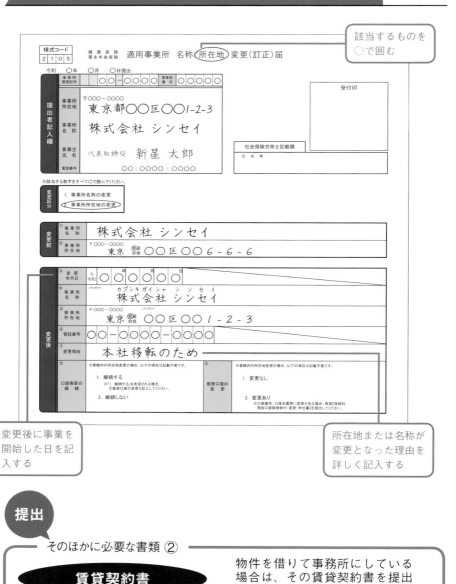

該当するものを
○で囲む

| 様式コード | 健康保険 厚生年金保険 | 適用事業所 名称(所在地) 変更(訂正)届 |
| 2 1 0 5 | | |

令和　○年　○月　○日提出

事業所整理記号　○○-○○○○　事業所番号 ○○○○○

提出者記入欄

事業所所在地
〒000-0000
東京都○○区○○1-2-3

事業所名称
株式会社 シンセイ

事業主氏名
代表取締役 新星 太郎

電話番号
○○(○○○○)○○○○

受付印

社会保険労務士記載欄
氏名等

※該当する数字をすべて○で囲んでください。

変更区分
1. 事業所名称の変更
2. 事業所所在地の変更

変更前

① 事業所名称
株式会社 シンセイ

② 事業所所在地
〒000-0000
東京 都道府県 ○○区○○6-6-6

変更後

③ 変更年月日
9.令和 ○○○○○○年　月　日

④ 事業所名称
(フリガナ) カブシキガイシャ シンセイ
株式会社 シンセイ

⑤ 事業所所在地
〒000-0000
東京 都道府県 (フリガナ)○○区○○1-2-3

⑥ 電話番号
○○-○○○○-○○○○

⑦ 変更理由
本社移転のため

口座振替の継続
※管轄内の所在地変更の場合、以下の項目は記載不要です。
1. 継続する
　※「1. 継続する」を希望される場合、⑨振替口座の変更も記入してください。
2. 継続しない

振替口座の変更
※管轄内の所在地変更の場合、以下の項目は記載不要です。
1. 変更なし
2. 変更あり
　※口座番号、口座名義等に変更がある場合、再度「保険料預金口座振替納付(変更)申出書」を提出してください。

変更後に事業を
開始した日を記
入する

所在地または名称が
変更となった理由を
詳しく記入する

提出

そのほかに必要な書類 ②

賃貸契約書

物件を借りて事務所にしている
場合は、その賃貸契約書を提出
する。原本でなくコピーでよい

適用事業所名称／所在地変更届の書き方

様式コード			
2	1	0	4

健康保険
厚生年金保険　**事業所関係 変更（訂正）届**

令和　　年　　月　　日提出

| 事業所整理記号 | ○○ － ○○○○ | 事業所番号 | |

受付印

提出者記入欄

事業所所在地　〒 ○○○ － ○○○○
東京都○○区○○1-2-3

事業所名称　株式会社 シンセイ

事業主氏名　代表取締役 新星 太郎

電話番号　○○ - ○○○○ - ○○○○

社会保険労務士記載欄
氏 名 等

該当する変更（訂正）内容の項目のみ記入してください。
※事業主・事業主の代理人・法人番号等を変更する場合は、変更前についても記入してください。

事業所情報記入欄

				③変更年月日
① 事業主氏名 住所	変更前 フリガナ シンセイ / タロウ　新星 太郎	〒○○○-○○○○ 東京都○○区○○4-5-6		令和 ○年 ○月 ○日
	変更後 フリガナ シンセイ / ハナコ　新星 花子	東京都○○区○○7-8-9		
④ 事業所電話番号	○○ - ○○○○ - ○○○○	⑤健康保険組合名称 フリガナ		健康保険組合
⑥ 選任 事業主代理人 氏名 住所	フリガナ シンセイ / イチロウ　新星 一郎	東京都○○区○○10-11-12		⑦選任年月日 令和 ○年 ○月 ○日
⑧ 解任 事業主代理人 氏名 住所	フリガナ			⑨解任年月日 令和 年 月 日
⑩ 社会保険労務士	1 登録（変更） 2 解除	⑪社会保険労務士コード	⑫社会保険労務士名	
⑬ 年金委員名1	1 登録（変更） 2 解除	フリガナ 氏	⑭年金委員名2 1 登録（変更） 2 解除	フリガナ 氏
⑮ 現物給与の種類	1 登録（変更） 2 全解除	1 食事　2 住宅　3 被服　4 定期券　5 その他	⑯業態区分	
⑰ 昇給月	1 登録（変更） 2 全解除	1回目 ○○月　2回目 ○○月　3回目 ○月　4回目 月	算定基礎届媒体作成	0 必要（紙媒体）　2 必要（電子媒体） 1 不要（自社作成）
⑱ 賞与支払予定月	1 登録（変更） 2 全解除	1回目 月　2回目 ○○月　3回目 月　4回目 月	賞与支払届媒体作成	0 必要（紙媒体）　2 必要（電子媒体） 1 不要（自社作成）
㉒ 会社法人等番号	変更前		㉑変更後	
㉓ 会社法人等番号変更年月日	令和　　年　　月　　日			
㉔ 法人番号	変更前 ○○○○○○○○○○○○○		㉕変更後 ○○○○○○○○○○○○○	
㉖ 法人番号変更年月日	令和　　年　　月　　日			
㉗ 個人・法人等区分	変更前 1.法人事業所　2.個人事業所　3.国・地方公共団体		㉘変更後 1 法人事業所　2 個人事業所　3 国・地方公共団体	
㉙ 本店・支店区分	変更前 1 本店　②支店		㉚変更後 ①本店　2 支店	
㉛ 内・外国区分	変更前 1 内国法人　2 外国法人		㉜変更後 1 内国法人　2 外国法人	
㉝ 備考				

呈示

そのほかに必要な書類 ③

出勤簿

従業員の勤務日数を記録する帳簿。タイムカードで勤務時間も同時に記録する場合が多い

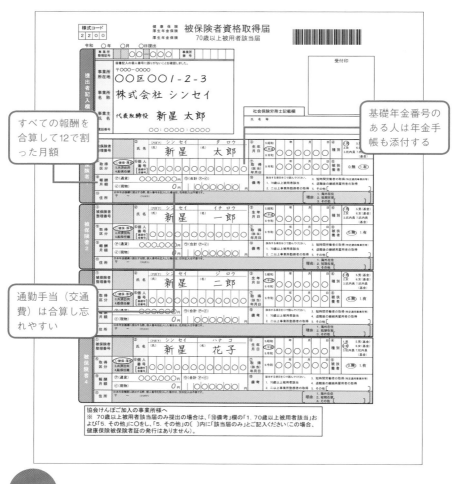

すべての報酬を合算して12で割った月額

基礎年金番号のある人は年金手帳も添付する

通勤手当（交通費）は合算し忘れやすい

協会けんぽご加入の事業所様へ
※ 70歳以上被用者該当届のみ提出の場合は、「⑩備考」欄の「1.70歳以上被用者該当」および「5.その他」に○をし、「5.その他の〔 〕内に「該当届のみ」とご記入ください（この場合、健康保険被保険者証の発行はありません）。

呈示

そのほかに必要な書類 ④

労働者名簿

氏名や生年月日、従事する業務などを記載した名簿。死亡・退職・解雇後3年間は保管が必要

健康保険被扶養者（異動）届の書き方

被保険者資格取得届と同じ番号を記入する

同じく本人が署名していれば押印はなくてよい

新規適用届と同時に提出するときは記入しない

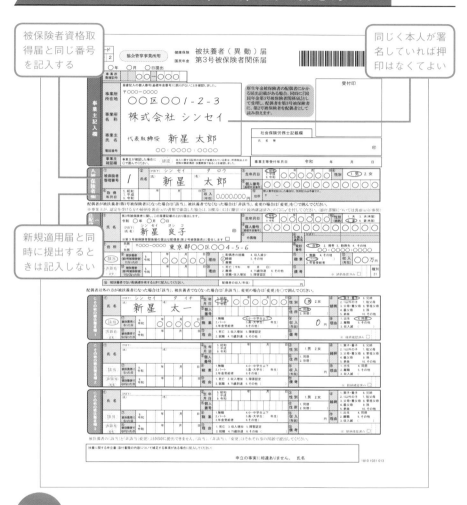

呈示

そのほかに必要な書類 ⑤

賃金台帳

給料の額や内訳、労働時間などを記載した帳簿。最後の記入日から３年間の保存義務がある

173

労働基準監督署への届出

従業員を1人でも雇ったら、労働保険に加入する届出をします。雇った日から10日以内に届出が必要なので、必要書類の準備は早めに始めましょう。

従業員を雇ったときに必要な届出

労働保険とは

社会保険の一種とされることもあるとおり、健康保険や厚生年金と同じく労働保険も国の公的な保険です。労災保険と雇用保険（→P176）を合わせて労働保険と呼んでいます。労災保険は、勤務中の事故に対する保険です。

社会保険は社長1人だけの会社でも加入しなければなりませんが、労働保険は従業員を雇ったときに加入が必要となります。つまり、労働保険の対象者は社長ではなく従業員なのです。ただし、小さな会社の実状として、雇っている従業員に混じって社長も同じように業務をこなしているケースは少なくありません。その場合、社長自身も労災保険には加入できることがあります（社長は被雇用者ではないので雇用保険には加入できません）。

提出期限に注意

労災保険と雇用保険の手続きは連動していますが、届出先は別です。まず、労働基準監督署で労働保険全体としての届出と、労災保険の届出をします。登記事項証明書（呈示のみ）や従業員名簿など必要書類（事前に窓口で確認します）を添えて、①労働保険関係成立届　②労働保険概算保険料申告書、の2つを提出しましょう。①の届出により労働保険番号が得られ、その番号を使って雇用保険の届出を行うという段取りになっています。

労働保険の届出は、従業員を雇った日から10日以内にしなければなりません。従業員の採用が決まったら、すぐ準備に取りかかりましょう。

会社作りの
コトバ **57**
WORD
労働保険事務組合

中小企業から委託を受けて、労働保険の事務処理を行う団体です。全国にある商工会や商工会議所、事業協同組合などが該当します。委託すると保険料を年3回の分割で納付できるというメリットも。

労働保険関係成立届の書き方

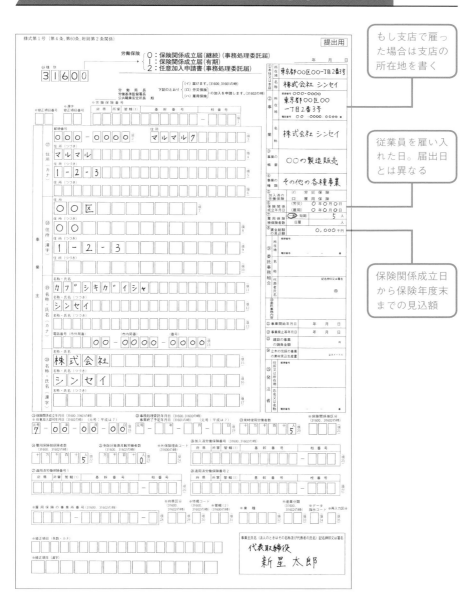

もし支店で雇った場合は支店の所在地を書く

従業員を雇い入れた日。届出日とは異なる

保険関係成立日から保険年度末までの見込額

175

ハローワーク への届出

従業員を雇った会社は、労災保険に加えて、失業手当の給付などに必要な雇用保険に加入します。労働保険として両方まとめて加入するのが一般的です。

必ず "監督署→ハローワーク" の順で

雇用保険の届出をする

労働基準監督署で労働保険全体と労災保険の届出をしたら、次にハローワーク（公共職業安定所）へ行って雇用保険の届出をします。雇用保険は、失業手当の給付や雇用に関する助成金の支給などを目的とした国の保険です。

雇用保険料は給料の1.55％で、このうち0.6％を被雇用者が、残りを会社が負担します。雇用保険料と労災保険料は、労働基準監督署で提出する概算保険料申告書に基づいて一括前納し、過不足はあとで精算されます。

関係成立届の控えなどを添付

ハローワークに届け出る書類のうち、原紙に書き込んで提出するのが、①雇用保険適用事業所設置届　②雇用保険

被保険者資格取得届、の２つ。これらの記入時に、労働保険の届出により決まった労働保険番号が必要になるので、"労働基準監督署→ハローワーク"の順で届出をするわけです。

雇用保険の届出にも、労災保険と同じく添付書類がありますから、準備し忘れないよう注意してください。おもな添付書類は、労働保険関係成立届の控え、登記事項証明書、従業員名簿など。雇った従業員が前の職場で雇用保険に加入していた場合は、その被保険者証も必要です。届出用紙をもらいにハローワークの窓口へ行った際、届出用紙以外の必要書類についても確認しておきましょう。

また、雇用保険の届出期限も、やはり労災保険と同じで雇った日から10日以内です。

会社作りの
コトバ **58**
WORD
失業手当

雇用保険に加入していた人で、退職後やむを得ず再就職ができない人がもらえる給付金。年齢や退職理由、雇用時の給料などにより給付額と給付期間は異なります。給付期間は最短90〜最長330日間です。

雇用保険適用事業所設置届の書き方

■

雇用保険適用事業所設置届

（必ず第2面の注意事項を読んでから）

※ 事業所番号

下記のとおり届けます。

公共職業安定所長 殿

令和 ○年 ○月 ○日

労働基準監督署への届出で得られた番号を記入

帳票種別 | 1. 法人番号（個人事業の場合は記入不要です。）

1 2 0 0 1 | □□□□□□□□□□□□□

2. 事業所の名称（カタカナ）

カ ブ シ キ ガ イ シ ャ □□□□□□□□□

事業所の名称〔続き（カタカナ）〕

シ ン セ イ □□□□□□□□□□□□□□

3. 事業所の名称（漢字）

株 式 会 社 □□□□□□□□□□

事業所の名称〔続き（漢字）〕

シ ン セ イ □□□□□□□□□□□

4. 郵便番号

○ ○ ○ － ○ ○ ○ ○

5. 事業所の所在地（漢字）※市・区・郡及び町村名

○ ○ 区 ○ ○ □□□□□□□□□

事業所の所在地（漢字）※丁目・番地

一 丁 目 2 番 3 号 □□□□□□□

事業所の所在地（漢字）※ビル、マンション名等

□□□□□□□□□□□□□□□□

6. 事業所の電話番号（項目ごとにそれぞれ左詰めで記入してください。）

□□□□ － □□□□ － □□□□
市外局番　　　市内局番　　　番号

7. 設置年月日

5 － ○ ○ ○ ○ ○
元号　　年　　　月　　　日

（3 昭和　4 平成
5 令和）

8. 労働保険番号

□□ □□ □□ □□□□□□ □□□
府県 所掌 管轄 基幹番号 枝番号

※
公共職業安定所
記載欄 | 9. 設置区分 □（1 当然 2 任意） | 10. 事業所区分 □（1 個別 2 委託） | 11. 産業分類 □□□ | 12. 台帳保存区分 □（1 日雇被保険者のみの事業所 2 船舶所有者）

13.事業主	（フリガナ）住所	トウキョウト マルマルク マルマル	17. 常時使用労働者数		5人
	（法人のときはまたる事業所の所在地）	東京都○○区○○一丁目2番3号			
	（フリガナ）名称	カブシキ ガイシャ シン セイ	18. 雇用保険被保険者数	一般	5人
		株式会社 シンセイ		日雇	0人
	（フリガナ）氏名	シンセイ タロウ	19. 賃金支払関係	賃金締切日	25日
	（法人のときは代表者の氏名）	代表取締役 新星 太郎		賃金支払日 ㊪・翌月 末日	
14. 事業の概要	（農業の場合は飼料の耕トン数を記入すること）	○○の製造販売	20. 雇用保険担当課名		課 係
15. 事業の開始年月日	令和○年○月○日	※事業の16.廃止年月日 令和 年 月 日	21. 社会保険加入状況		健康保険 厚生年金保険 労災保険

備考	※	所長	次長	課長	係長	係	操作者

（この届出は、事業所を設置した日の翌日から起算して10日以内に提出してください。）

2019. 5.

用紙は、このまま機械で処理しますので、汚さないようにしてください。

設立時に従業員がいなければ違う日付となる

いずれも法人に加入が義務づけられた保険

司法書士が語る
届出
のコト

東京23区が
"特別"扱いされるのは
なぜ？

　日本全国のうち東京23区だけは、税金に関する届出の仕方が少し違いました。普通は法人設立届出書を国（税務署）・都道府県（各税事務所）・市町村（各役場）に提出しますが、東京23区の会社は国と都の2つ。

　これは、東京23区が「特別区」だからです。特別区とは、「都の区」のこと（地方自治法第281条第1項）。もちろん特別区の性格や意義はあれこれとありますが、定義は極めてシンプルです。現在日本には都が1つしかないので、東京都にある23の区が特別区となります。ただ、法律で「東京都」と定義されているわけではありませんから、新しい"都"が生まれて地域内に"区"を含んでいれば、それらも特別区になるでしょう。

　東京23区の会社が区役所へ税金の届出をしなくていいのは、都から特別区へ財源が割り振られるから（財源調整交付金）。都税事務所がいったん税金を集めて、それを必要に応じて特別区に渡しています。特別区は「特別地方公共団体」として市町村に並ぶ立場にありますが、それと同時に都と密接に関連した性質も持っているのです。

第2の"都"が誕生すれば
新たな特別区が生まれるかも

東京都下　特別区　東京23区

7

運営のヒント

起業直後はなにかと苦労するときです
会社経営のコツを身につけましょう

事務所・店舗を選ぶ

マンションの一室やビルの1階などを借りて事務所・店舗にする場合、どんな物件を選べばいいのでしょうか。事業所用物件選びのポイントを考えます。

契約条件や立地環境をしっかりチェック

どんな物件がいいのか

賃貸物件には住居専用のところもありますから、まずは事業所として借りられるかどうかを調べます。それと、業種によっては営業が禁止されている地域もあります。物件を借りてから営業NGを知った……とならないよう、各自治体に確認しておきましょう。

賃貸物件の三要素は、立地・広さ・家賃。どんな事業を行うかにかかわらず、この三要素を中心に検討します。

そのうえで、例えばIT関連の会社なら電気容量やネットインフラの充実度が大切ですし、何か商品などを販売する店舗兼事務所となれば客が足を運びやすいような立地やアクセスは必須条件でしょう。また、事務所内で作業が必要な事業なら、その作業を快適に

こなせるだけの広さを確保しなければなりません。そうした会社ごとの優先条件を明確にして、納得できる物件を探していきます。

ただし、何の文句もない理想的な物件には、まず出会えないと思っておきましょう。譲れない要素にこだわり、妥協できる点は妥協する──。これが物件選びのポイントです。

契約時に必要な書類

会社として賃貸契約を結ぶには、個人のときと違っていろいろな書類が必要です。おもな書類は登記事項証明書、会社と代表者の印鑑証明書（と実印）、定款のコピーなど。印鑑証明書が不要だったり、あるいはほかに必要な書類があったり、不動産業者によって異なりますので聞いておきましょう。

会社作りのコトバ 59

WORD

免許番号

正しくは宅建業免許番号といい、すべての不動産業者が持つ「東京都知事免許（○）△△号」などの番号です。カッコ内の数字は免許の更新回数で、数字の大小はその業者の信用度の目安になります。

事業所用物件選びのポイント

総合的には	**場　所**	中心部か郊外か、営業エリアの中か外か、など事業に影響する地理的な要素を検討
	広　さ	業務に必要な広さがあるか。反対に、広すぎるオフィスは家賃の無駄になってしまう
	家　賃	会社の家賃滞納は個人以上に信用が傷つくもの。毎月余裕を持って払える家賃の物件を
事務所なら	**交　通**	電車の駅に近い、大通りに面している、街道沿い、など何か1つ強い要素がほしいところ
	設　備	エレベータはあるか、管理人は常駐しているか、駐車場はあるか・広いか、など
	隣　室	隣や階下の部屋にはどんな住人や会社が入っているか。少なくとも表札や外観は確認！
店舗なら	**人通り**	店舗にとって人通りは生命線。昼と夜それぞれの通行量、多く通る人の層などを調べる
	環　境	大衆酒場やパチンコ店、風俗店などが多い街は、少なからずそれらのイメージを抱かれる
	内装工事	入居前に済んでいてすぐ使えるのか、別途工事が必要なのか。費用や時間が大きく変わる

―|未来の社長におくる|―|ミ|―|ニ|―|知|―|識|―|**13**―

事業所の敷金は高い！

賃貸物件につきものの礼金・敷金ですが、事業所として借りる物件では敷金3カ月分以上というのが普通。都心部のビルなどにオフィスを借りるなら相当な資金力が必要です。

家賃が20万円なら
20万×3＝60万円
家賃が50万円なら
50万×3＝150万円

備品を使いこなす

IT関連の会社でなくとも、いまやパソコンのない会社は珍しいでしょう。そうしたOA機器や日常的な備品に関するヒントをいくつか紹介します。

価格と機能のバランスを取って

OA機器は買う？　借りる？

パソコンやプリンタ、最近ではファックスやプリンタとの複合型も多いコピー機などのOA機器は、会社のニーズに合わせて購入かリースか決めます。

基本的に、購入に多額のお金が必要なもの、定期的にメンテナンスが必要なものをリースにします。パソコンを一度に何台も買い揃えるのは大きな出費になりますし、業務用のコピー機にはメンテナンスが欠かせません。

ただ、会社名義のリースは、個人保証が無理だったり、資本金が少なかったりすると断られる場合もあります。

いっぽう、机やイス、本棚といった家具類などは、買えばそのまま何年か使いっぱなしですから、購入するのが一般的でしょう。

事務用品もあなどるなかれ

小さな備品にも、使いこなすワザはいろいろあります。名刺は最近さまざまなデザインが受容されつつあるので、見やすさ・インパクト・機能性などを考えて作ってみましょう。筆記具やコピー用紙、各種サイズの封筒、資料保管用のクリアファイルといった事務用品は、オンラインで買える通販サイトが便利。かなり安いので、買いすぎに注意すれば経費が節約できます。

競合させて値引きを狙う

リースでも購入でも、まとまった取引をする場合は複数の業者に見積もりを依頼して最安値を狙いましょう。また、新品にこだわらなければリサイクル業者から買うという手もあります。

会社作りの
コトバ **60**
WORD
リース／レンタル

借りる物を自由に選べるのがリース、社有の物を貸すのがレンタル。つまりリース会社は客が選んだ物件を購入し、客に貸す（リースする）ということです。普通、リースはレンタルより長期・割安です。

「買う／借りる」のメリットとデメリット

	メリット	デメリット
買う	●出費は買うときだけで済む ●傷などを気にせず自由に使える ●借り物より選択肢が非常に多い	●物入りな時期にいっそうの出費 ●買ったあと不要になると買い損 ●新機種が出ても導入しづらい
借りる	●開業時の初期投資が安く済む ●不要になったときロスが小さい ●メンテナンスなどのケアがある	●長期間の料金支払いが必要 ●不注意による傷や故障の責任大 ●選べる製品が限られている

低価格のものや故障が少ないものは「買う」

高額でメンテナンスが必要なものは「借りる」

小さな備品も厳選しよう

名刺

写真入り、カラー、イラスト入りなど個性的な名刺が増えている

封筒

予算に余裕があれば社名や住所、連絡先などを印刷した封筒を作る

筆記具

ボールペンやシャープペン、消しゴムなど。まとめ買いで安く

証票

会社によって必要な証票はさまざま。切らさないよう予備も十分に

ファイル

外出時に使う持ち運び用、重要資料の保管用など用途ごとに準備

福利厚生品

お茶の類はコーヒー・紅茶など来客用にいくつか揚えておくといい

183

就業規則を作る

会社のルールをきちんと書面にまとめて就業規則を作っておけば、いろいろなトラブルを回避できます。あと回しにせず、早めに作成しましょう。

労使トラブルの防止に役立つ

従業員10人以上なら要提出

　ある会社で、パートとして数年間勤めた人が退職金を要求したとします。もし "パートさんの退職金" に関する規定を会社側が決めていなければ、正社員のルールが適用され、そのパートさんは退職金を請求できることになります（ただし、平成20年4月より、短時間労働者の雇用時に、昇給・退職金・賞与それぞれの有無の明示が義務づけられました）。

　このようなトラブルを避けるためにも、具体的な就業規則を作ります。会社の方針や日常的な職場のルールから一歩進めて、就業規則として書面にまとめましょう。また、常時10人以上の従業員を抱える会社には、就業規則を労働基準監督署に提出する義務がある

ので覚えておいてください。

定款と同じく3つの要素がある

　就業規則には、ちょうど定款と同じ記載事項の分類があります。①絶対的記載事項（始業・就業時刻、休日、給料、退職、解雇などについて）②相対的記載事項（ボーナス、退職金、災害時の対応や補償などについて）③任意的記載事項（例えば掃除の分担といった、その会社に特有のルールなどについて）、の3つです。

　退職金などの有無の明示義務化により、冒頭のケースのようなトラブルは減ると思われます。ただ、具体的な内容を就業規則に盛り込むことまでは義務化されていないので、トラブルを回避するにはきちんと就業規則に盛り込んでおくことが望ましいといえます。

会社作りの
コトバ **61** **WORD**
タイムカード

専用の機械に差し込んで、出勤時間と退勤時間を記録するカード。通常、従業員が1人1枚持ち、出勤時と退勤時に印字します。勤務日数もタイムカードでわかるため、手書きの出勤簿より一般的です。

就業規則に盛り込むべき内容

 時間・雇用に
関するコト

●始業時間、終業時間	労働基準法による1日の勤務時間は最大で8時間
●休憩時間	普通は昼食時の1時間だが業務の実状に応じて設定
●休日、休暇	原則として週に1日以上は休日としなければならない
●退職、解雇	定年の年齢や解雇の条件、解雇時の処遇などの規定

 給料に
関するコト

●計算方法	法律上、労働時間は1分単位でカウントされる
●支払方法	多くの会社が振込みだが、手渡しにすることも可
●支払時期	支払日は毎月同じ日が普通。月の下旬以外でもよい
●昇給	昇給条件や昇給額。具体的に決めればトラブルも少ない

上記は必ず記載するが、
以下についても規定するなら記載しなければならない

 規定するなら記載が必要なもの

●退職金について	●賞罰について
●賞与について	●備品などの自己負担について
●慶弔金について	●災害時の対応について

**従業員が10人以上いる会社は
就業規則を労働基準監督署へ提出！**

給料を決める

従業員の給料の額をいくらにするかは、どの経営者も悩むところです。本人の能力や社内での役割など、いろいろな面から検討して決定しましょう。

"高給優遇" したいのは山々だけれど…

いくら払えばいい？

給料の額は、すべての労働者にとって永遠の関心事といえます。従業員に気持ちよく働いてもらうためにも、適切な給料を設定しなければなりません。

給料を決める要素として挙げられるのが、①職能給（当人の能力に応じた給料）②職務給（当人の立場・役割に応じた給料）③職種給（一般的な相場から判断される、その職種として適切な給料）④生活給（当人の生活を保障できる給料）、の4点です。もちろん、これらに加えて会社の財政状況を考慮する必要があります。

どのように支払うか

給料の支払いは手渡しの会社もありますが、だいたいは銀行振込で行いま す。支払日は毎月25日としている会社が多く、この日は銀行の窓口が混雑している風景がよく見られます。自分の入金や従業員の出金の面倒を考えて支払日をズラしてもいいでしょう。また、インターネットバンキングなら窓口に行かず入金できて便利です。

支払いの際は、基本給・時間外手当・支給総額・控除額・手取額を明記した給料支払明細書も渡しましょう。

給料と賞与・報酬の違い

毎月、規則的に支払われるのが給料で、不定期的なものが賞与です。また、報酬とは役員の給料のことで、会社経営の委託料という扱いです。いずれも会社から従業員・役員へ支払われるお金ですが、役員の賞与は一定要件を満たさなければ損金に算入できません。

会社作りの
コトバ **62** WORD
最低賃金

最低賃金法という法律により、地域別・産業別に決められている下限額。社長から1日限りのアルバイトまで、全労働者に適用されます。最低賃金より低い額の給料を定めても、無効となり認められません。

給料の額を決めるさまざまな要素

**会社の
予算・財政**

人件費は会社の支出のなかでも無視できない比重を占める。財政を圧迫しないよう注意

**労働の
内容**

従業員が「こんなに働いたのにこれだけ?」と感じる額では、社内の士気も上がらない

業種・職種により、ある程度の相場がある。適切な給料設定は、求人を出すときにも重要

世間の相場

**適正な
給料額**

地域によって違う最低賃金

高い地域	時給		時給	低い地域
東京	1072円	1	848円	香川
神奈川	1071円	2	853円	青森、秋田、福岡、熊本、宮崎、佐賀、鹿児島、長崎、沖縄
大阪	1023円	3	854円	岩手、山形、鳥取、大分
埼玉、千葉、愛媛	1002円	4	855円	徳島
愛知	986円	5	857円	島根

（厚生労働省・令和4年度のデータより）

"使える"従業員を雇う

優秀な人材を雇うのは大事なことですが、どんな人材が優秀かは会社によって異なります。求人方法も検討して、自社に必要な従業員を採用しましょう。

自社にとって価値の高い人間とは？

必要な人材像を明確に

来る者拒まず、で従業員を採用していくのは、人件費の無駄遣いといわざるを得ません。自分の会社に必要な人材を、必要最小限の人数で雇うことが大切です。

まずは、どんな人材が必要なのかを明確にしましょう。例えば、アイデア勝負の商品を作って売る会社なら、独創的な発想のできる人が必要です。反対に、いわゆるデスクワークが中心となる事業なら、事務的な作業の速さ・正確さを備えた人を雇うべきでしょう。さらには、年齢や性別、持っている資格なども検討すべき要素です。厚生労働省の指針により、性別を限定した求人は禁止されていますが、現実として男性に向く業務と女性に向く業務

があることを否定はできません。

また、人格的な面も重要です。会社は人間の集まりですから、その会社の雰囲気になじめるかどうかは無視できないポイントでしょう。

ネット求人が普及中

求人の方法はいくつかありますが、広く一般に募集するなら最近ではネット求人が普及しつつあります。求人情報誌のネット版が中心で、自宅のパソコンで簡単に求人記事を探せますし、速報性が高いのも人気の理由です。

小さな会社では、縁故による雇用も多く見られます。ある程度の信頼が持てるメリットはありますが、何かトラブルがあった場合に紹介者との関係が解決の邪魔になることも。知人を通じての雇用は慎重に決めてください。

会社作りの
コトバ **63** WORD
パート／アルバイト

短時間だけ勤務するのをパートタイマー、雇用期間が短いのをアルバイトと呼ぶことが多いようですが、法的にはどちらも短時間労働者という同じ区分に入ります。また、言葉の法的な定義もありません。

"使える" の基準は会社ごとに違う

若い　体力・腕力がある　フットワークが軽い　手先が器用　トークが上手　作業が速い・正確　愛想がいい　独創性が高い

A社　B社　C社

どの方法で求人するのがベスト？

方法	料金の相場	特色	備考
求人サイト	なし〜	パソコンとネット環境があれば簡単に仕事が探せる、求人の基本	日常的にパソコンを使う人の利用が多い
新聞広告	約3万円〜	日刊紙の求人は信用の高いイメージ。発行部数の多さも強み	求人専門誌に比べれば目に止まりにくい
求人情報誌	約4万円〜	新卒者以外の求人で使われるが、最近は求人サイトに押され気味	無料求人誌との違いが薄くなってきている
無料求人誌	なし〜	近年、都市部を中心に広がりを見せる。とにかく手に取りやすい	部数はさばけるが、読み捨てられる率も高い
ハローワーク	なし	求人内容は約2カ月登録できる。ネット上での求人検索も可能	若年層にはハローワーク自体の知名度が低い
貼り紙	なし	おもに、近隣に住んでいる人を採用したいときの求人方法	相当な枚数を貼らなければ効果が生まれない
知人の紹介	なし〜	採用率は抜群に高くなるが、紹介者との関係に影響を与える危険も	中小マスコミなどで多く見られる方法

─┤未来の社長におくる├─ミ─ニ─知─識─**14**─

従業員を簡単にはクビにできない

一度採用した従業員は、正当な理由がなければ解雇できません。その理由に明確な基準はありませんが、ワンマン社長の一声でクビにすると労働基準法違反の可能性大です。

なんとなく気に入らないからクビ！

社長

そんなの通用しませんよ！

従業員の労働意欲を高める

給料を上げればヤル気が出るはず、という単純な考えでは経営者失格。仕事のやりがいや職場環境の整備、良好な人間関係なども労働意欲に影響します。

「給料アップ」だけが方法じゃない！

労働意欲の源は何か

「ヤル気を出す」という表現はよく使われますが、従業員にヤル気を出させることは、経営者の責務といえます。

労働意欲の源としては、さまざまなものが考えられます。最も影響が大きいのは、やはり給料の額でしょうか。それに並んで仕事のやりがい、さらには職場の人間関係、勤務条件などが続きます。それらすべてを理想的に調えるのは難しいですが、経営者としてできる限りの努力はすべきですし、結局はそれが会社の利益につながります。

給料、環境、人間関係etc.

勤務内容に見合う給料が支払われていれば、最低限の労働意欲はキープされます。そのうえで、ノルマ達成者にインセンティブがあったり、各人の能力が昇給に反映されたりすれば、もちろん労働意欲は高まるでしょう。

仕事のやりがいも大切です。いくら給料に納得していても、ただ忙しいだけで喜びのない業務ではヤル気も起こりません。本人の能力に見合った業務を与えましょう。

職場環境の整備も労働意欲の増進に役立ちます。パソコンなどのOA機器は快適に使える状態か、事務用品に不足はないか。意識的に現場の声を拾い上げて、できる限り改善します。

従業員が数人という小さな会社ではあまり見ませんが、それなりに会社が大きくなってくると、従業員が労働組合を作り、労働条件の改善などを迫ってくることも。ワンマンな経営方針では労働意欲が削がれやすいのです。

会社作りのコトバ 64 WORD
インセンティブ

本来は「誘因、動機」の意で、経営用語としては従業員に与える報奨金（物）のこと。与えられる基準と内容は公開されているケースが多く、営業目標を達成して金一封が出るなどの例が一般的です。

ヤル気を出させるいろいろな要素

労働組合について知っておこう

労働組合とは

ひとことでいえば「労働者の団体」。例えば、従業員が2人集まればそれで結成できる。労働組合法上の"正式な"労働組合になるには法人登記が必要

誰が作る？

労働者なら誰でも構成員になれる。会社側の人間、つまり役員以上の人は労働組合に参加できない

どうやって作る？

法的な労働組合は、名称や事務所の所在地、総会の開催などを組合規約に記載し、登記をして発足

どんな活動をする？

労働条件の維持や改善など、労働者の経済的な地位を向上させるための活動。おもに賃上げ交渉など

どう付き合う？

闇雲に労働組合を"敵"と考えず、労使が建設的に交渉するための団体として付き合う姿勢を持とう

ホームページを作る

パソコンやインターネットと縁遠い事業の会社でも、自社のホームページは今や必須ともいえます。制作業者に依頼すれば本格的なデザインに。

自社サイトを作って知名度をアップ！

会社名のドメインを取る

インターネットがこれだけ普及している今日、会社を運営するうえで利用しない手はありません。会社のホームページを作っておけば、日本に限らず世界中の人々の目に触れる"可能性"が出てくるのです。

また、オンラインショッピングも社会に浸透しつつあります。商品販売の会社なら、もうネットの活用を考えないわけにはいかない時代に来ています。

まだメール用のドメインも取得していないなら、まず「○○.co.jp」という会社名のドメインを取りましょう。「.co.jp」は法人登記をした日本の会社にだけ認められる、信用度の高いドメイン。URLを見ただけで、日本企業のサイトであることがわかります。

ドメインの取得は専門の業者やネットプロバイダ、レンタルサーバ業者などが行っていますので、検索エンジンで調べてみてください。

専門の制作業者に依頼

ホームページは自分で作ることもできます。ですが、なんといっても会社のホームページですから、個人サイトのような手作り感あふれるデザインでは、なんとなく信用できない印象を与えます。やはり、プロの制作業者に本格的なデザインのページを作ってもらうのが一番です。

作成費用は、ページのクオリティや業者によってさまざま。企画を立てる段階で3～5万円ほどかかる業者が多いようですが、まずは見積もりを出してもらうところから始めましょう。

会社作りの
コトバ **65**
WORD
バナー広告

クリックすると広告主のページにアクセスする広告画像。リンク先のサイトのロゴをデザインしている形を多く見かけます。英語のbanner（バナー）には「国旗、（新聞の）大見出し」などの意味があります。

ドメイン名の構成と種類

www.shinsei-online.co.jp

第4レベルドメイン　　第3レベルドメイン　　第2レベルドメイン　　トップレベルドメイン

ドメイン名	用途	対象
ac.jp	各種学校用	生徒が18歳以上の学校
co.jp	会社用	国内にある会社
ed.jp	各種学校用	生徒が18歳未満の学校
ne.jp	ネットワークサービス	ネットワーク提供業者
gr.jp	任意団体用	複数の個人や法人

ドメイン名	用途	対象
or.jp	法人用	他ドメイン非該当の法人
biz	ビジネス用	各種業者
com	商業組織用	制限なし
info	制限なし	制限なし
net	ネットワーク用	制限なし

どんなコンテンツを盛り込むか

会社のロゴがあるなら、必ずそれをトップページで目立たせること

何をしている会社なのか。その業種を知らない人にもわかる言葉で

商品名や価格、性能など。写真が掲載できるものなら必ず載せる

株式会社シンセイ
CONTENTS

会社名　　　会社概要

業務内容　　社長挨拶

扱い商品　　情報・コラム

商号や本店所在地などの基本データ。業務実績を載せるのも手

あまりに大げさな挨拶だと、逆に陳腐な印象を与えるので注意

業務に関連した情報を載せておくと、アクセスする人の幅が広がる

┤未来の社長におくる├─ミ─ニ─知─識─15

検索エンジンを意識して作る

ウェブサイトにアクセスするとき、URLを入力するケースは稀。大半は検索エンジンを経由します。キーワード検索でのヒットを前提に、ページデザインを考えましょう。

キーワードね…

検索エンジン

取引先とのトラブルに対処する

ベテラン経営者ならいざしらず、新人社長にとってよその会社とのトラブルは試練のひとつ。対応の基本を押さえつつ、臨機応変に処理したいものです。

被害を最小限にとどめる心構えを

原因はどちらにあるか

仕事をしていれば、ときにはトラブルも発生します。よくあるトラブルは、商品の納期が間に合わなかったり、仕入れた（納品した）商品に不具合があったり、期限を過ぎても代金が入金されなかったり、などでしょうか。

すべてのトラブルには、必ず原因があります。それは片方だけにあるかもしれませんし、双方に原因があるのかもしれません。いずれにせよ、原因の所在を明らかにするのが第一です。

こちらのミスなら平謝り？

自社に落ち度があった場合は、もちろん誠心誠意で謝罪をして、できる限りの対処をします。ただ、相手の要望を何でも受け入れる必要はありませ

ん。不当な要求は、丁寧かつ断固とした姿勢で退けましょう。

反対に、相手のミスが原因だったときも、あくまで冷静に、トラブルの解消に必要なことを請求します。「こっちは悪くないんだから」と威張った態度を取ったところで、何の得にもなりませんし、むしろ相手との関係が悪くなるだけです。

危険を感じたらプロの助けを

トラブルの規模が大きかったり、解決に必要なことが複雑になってきたりすると、通常業務にも支障が出ます。危険だなと思ったら、話がややこしくなる前に弁護士や司法書士などの専門家に相談を。プロが間に入ることで、原因究明や再発防止のアドバイスも受けられるはずです。

会社作りの
コトバ **66**
WORD

不渡り

手形（→P148）の支払い期日に、当座預金口座の残高が不足して払出しができないこと。不渡りを出すと、銀行取引が停止して倒産に至るケースが多いので、絶対に避けなければならない事態です。

トラブルをめぐる相関図

原　因

- ●納品する商品が間に合わない
- ●検品作業が名ばかりになっていた
- ●入金予定については確認しづらい

防止！

- ●納期が来る前に延長などを相談
- ●形骸化しがちな検品作業を徹底

トラブル

- ●商品の納期を過ぎてしまった
- ●納品した商品に不良品があった
- ●納品先からの入金がない

最小化！

- ●どこかで遅延の連鎖をストップ
- ●消費者への対応を最優先に

被　害

- ●さらに別の会社にも納品障害発生
- ●購入した消費者がケガをした
- ●資金繰りに狂いが出て支払い遅延

"専門家" とのトラブルが起こったら？

弁護士 とのトラブル	日本弁護士連合会	03-3580-9841（代表） https://www.nichibenren.or.jp/
税理士 とのトラブル	日本税理士会連合会	03-5435-0931（代表） https://www.nichizeiren.or.jp/
行政書士 とのトラブル	日本行政書士会連合会	03-6435-7330 https://www.gyosei.or.jp/
司法書士 とのトラブル	日本司法書士会連合会	03-3359-4171（代表） https://www.shiho-shoshi.or.jp/

会社のお金を管理する

自分の通帳や財布なら管理も簡単ですが、会社のお金を管理するのはなかなか面倒。しかし、避けては通れない道です。コツコツとこなしていきましょう。

社長のポケットマネーとは無関係！

全額の所在を常に把握

もし個人事業主なら、仕事で得た収入はそのまま自分の収入ですが、会社の収入は社長の収入とは直接関係がありません（→P63）。会社のお金は、常にその全額の所在を明らかにしておく必要があります。何の用途でいくら支払ったか、何の代金としていくら入金があったか、というお金の動きをもれなく帳簿に記録していきます。

その記録する方法が、複式簿記です。青色申告の承認申請書のところで少し触れましたが（→P156）、税制優遇措置の条件となるのが、この複式簿記での正しい記帳なのです。

複式簿記とは

"複式"というからには"単式"が

あるわけですが、単式簿記は小遣い帳や家計簿と同じく入金と出金だけをそのまま記録していき、最終的に残高が示される方法です。いっぽう、複式簿記は1つの入金があったとき、「入金」という事実だけでなく「どんな理由で入金があったのか」についても同時に記録します。こうすることで、最終的に「財産」と「損益」の両方が示されるのです。

経理面から見た1年

会社のお金の管理は、毎日・毎月・毎年とスパンごとに把握しましょう。交通費や消耗品費の仮払い、店舗なら売上額の集計は毎日行います。毎月の作業といえば給料の計算と支払い。そして事業年度末には決算と確定申告が待っています。

会社作りの
コトバ **67**
WORD
取引

契約書を添えてお金や商品、権利などをやりとりするイメージですが、経理用語ではお金や商品の動きをすべて取引といいます。毎月仕入れている商品が予定通りに納品されても、それは取引です。

複式簿記の基本

取　引
納品や仕入れ、経費の立て替えなど、毎日のお金の出入りを記録する

仕訳帳
取引が行われた順番に、入金・出金・振替の各取引を書き込む

または

仕訳伝票
入金伝票、出金伝票、振替伝票の3つをまとめて仕訳伝票という

総勘定元帳
各伝票から補助簿に転記されて、最終的にまとめられる主要簿

現金出納帳
総勘定元帳から現金の動きを抜き出して記載する、最重要の補助簿

保管・整理

領収書

請求書

勘定科目に分類して転記

現金の動きをまとめる

毎日／毎月／毎年行うこと

毎日する
- ■証票の保管・整理
- ■仕訳帳への記入
- ■売上金の確認

　　　　　　　など

コレを溜め込まないことが重要！

毎月する
- ■残業代・手当の計算
- ■賃金台帳への記入
- ■給料の支払

　　　　　　　など

毎年する
- ■決算
- ■確定申告 ┐
- ■各種届出 ┘

　　　　　　　など

提出書類の作成は税理士などに依頼するのが一般的

会社にかかわる税金

設立登記のあと、税金に関するいくつかの届出をしました。この項で、会社が納める税金の種類や税率、課税基準などを確認しておくことにします。

個人と同じく所得税や住民税がある

法人税と消費税

会社が国に納める税金は、法人税と消費税の2つです。法人税は、会社の所得に課税します。この場合の所得とは、売上げから経費を引き、さらに規定の調整を済ませた金額です。2種類の税率があり、800万円以下の部分には15％、800万円を超える部分には25.5％をそれぞれ乗じます。この額から税額控除分を引いた額が法人税額です。

もう1つは消費税ですが、これは設立時の資本金または前々年度の売上げが1000万円を超える場合に課税されます。所得ではなく"売上げ"ですので、間違えないようにしましょう。

3つの種類がある地方税

会社の地方税は、法人住民税と法人事業税です。

法人住民税は都道府県と市町村に納めます。それぞれに均等割・法人税割という2つの課税方法が決められていて、均等割は資本金額によって納税額が固定です。いっぽうの法人税割は、法人税額に対し都道府県と市町村でそれぞれ税率を乗じるものです。法人事業税には3段階の税率が定められています（→右ページ）。

赤字決算だったときは

法人税は会社の所得にかかる税金ですし、法人住民税の法人税割はその法人税額が基準となりますから、決算が赤字だった場合はいずれも納める必要がありません。法人住民税の均等割と消費税（課税事業者の場合）だけを納付すればOKです。

会社作りのコトバ **68** WORD
インボイス制度

2023年10月施行予定のインボイス制度より、課税業者は税務署への登録申請書の提出が必要に。また、消費税仕入れ税額控除の要件として適格請求書発行事業者が交付する適格請求書の保存が必要となります。

法人税・法人住民税・法人事業税

| 法人税 | 所得の800万円以下の部分に | 税率 **19**% |
| | 所得の800万円超の部分に | 税率 **23.2**% |

法人住民税	均等割	資本金が1000万円超1億円以下で従業員数50人以下なら	都道府県税 **5**万円 市町村税 **13**万円
		資本金が1000万円以下で従業員数50人以下なら	都道府県税 **2**万円 市町村税 **5**万円
	法人税割	法人税額に	税率 **1.0**%（都道府県税） 税率 **6.0**%（市町村税）

法人事業税	所得の400万円以下の部分に	税率 **3.5**%（超過税率3.75%）
	所得の400万円超800万円以下の部分に	税率 **5.3**%（超過税率5.665%）
	所得の800万円超の部分に	税率 **7.0**%（超過税率7.48%）

※その他、特別法人事業税もある。

消費税は "1000万円" が基準線

超 なら… **課税事業者**
1000万円超の資本金で設立した会社は、最初から課税。資本金が1000万円以下でも事業開始から6ヵ月の売上額が1000万円超なら翌年度より課税。

資本金or売上高が1000万円のライン

以下 なら… **免税事業者**
資本金が1000万円以下、もしくは2年前の売上額が1000万円以下の会社は消費税が免除される。この2年前の事業年度を基準期間と呼ぶ。

決算と確定申告

すべての会社に、決算と確定申告の義務があります。帳簿類の整理と複雑な計算書類の作成が必要なので、税理士に代行を依頼するのが一般的です。

法人の確定申告は複雑なので税理士に任せよう

所得額を計算して申告

事業年度の最終日を区切りとして、その事業年度のお金の動きを整理・計算することを決算といいます。具体的には、決められた計算書類（＝決算書）を作成する作業です。これをもとに法人税などの額が決まるので、決算はすべての会社に義務づけられています。

決算とセットになっているのが、確定申告です。確定申告は、決算書を含む申告書を税務署へ提出することをいいます。事業年度の最終日から2カ月以内に提出しなければなりません。よくある3月決算の会社なら、確定申告の期限は5月末日となります。

素人には至難のワザ

決算書の作成は、はっきりいって非常に複雑・高度な作業です。とくに簿記の心得がある従業員でもいない限り、決算書の作成を自分でやろうとするのは、非現実的とすらいえるかもしれません。また、仮に簿記のできる人がいたとしても、小さな会社で通常業務をこなしながら決算書を作るのは、やはり大変です。

そこで、小さな会社の大半は、税理士のサポートを受けて決算と確定申告をしています（それでも証票類の整理などでバタバタするものです）。顧問契約を結ばなくても、決算と確定申告だけの代行を依頼できる場合が多いですし、簿記経験者がいれば代行を依頼する量は必要最小限で済みますから、代行報酬も安くなります。まずは税理士事務所に相談して、自社の状況に応じた依頼の仕方を検討しましょう。

会社作りの
コトバ 69
WORD
財務諸表

決算書のことです。決算書は税法の用語で、証券取引法では財務諸表と呼びます。ちなみに、商法の表現は「計算書類」「計算書等」。ちょうど、登記所と法務局の関係と同じといえるでしょう（→P64）。

決算と確定申告の流れ

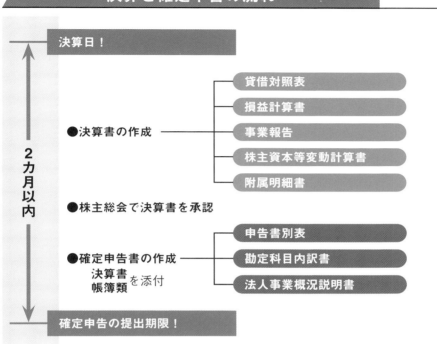

税理士に頼むといくらかかる？

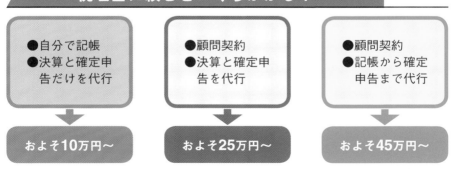

報酬額は資本金や売上高、従業員数などによって変わります。
また、税理士事務所ごとに独自の報酬規定があります。

INDEX

参考文献

『会社法Q＆A』六川浩明監修（エクスメディア）
『改訂新版　株式会社設立マニュアル』高橋裕次郎監修（三修社）
『起業から1年目までの会社設立の手続きと法律・税金』須田邦裕・出澤秀二著（日本実業出版社）
『シロウトでもできる株式会社＆LLC（合同会社）設立マニュアル』丸山学著（秀和システム）
『0円で株式会社を起こす完全設立マニュアル』庵原正人監修・中川裕著（ぱる出版）
『小さな会社の経理の基本がわかる事典』新村貢一著（新星出版社）
『山田真哉のつまみ食い新会社法』山田真哉・緒方美樹・宮崎剛編著（青春出版社）
『有限会社の作り方』新村貢一監修（新星出版社）

◆監修者紹介◆

山田猛司（やまだ たけじ）

司法書士。昭和34年栃木県生まれ。昭和60年司法書士試験合格。同61〜63年東京ビジネススクール講師。平成3年〜東京公共嘱託登記司法書士協会理事、現在理事長。平成9年〜東京司法書士会理事。東京経済大学大学院および成蹊大学非常勤講師、駒澤大学法学部法学研究所指導員、東京司法書士会世田谷支部長、司法書士試験委員、東京司法書士会登記実務相談室委員などを歴任。
おもな著書に、『商業登記の基礎知識』（共著、自由国民社）、『会社分割と根抵当権』（東京司法書士協同組合）、『新不動産登記関係法令とその読み解き方』（セルバ出版）などがある。

司法書士　山田猛司事務所
〒182-0002
東京都調布市仙川町1-15-40 サンビア3階
☎03（5384）2720

本書の内容に関するお問い合わせは、**書名、発行年月日、該当ページを明記**の上、書面、FAX、お問い合わせフォームにて、当社編集部宛にお送りください。**電話によるお問い合わせはお受けしておりません。**また、本書の範囲を超えるご質問等にもお答えできませんので、あらかじめご了承ください。

　FAX：03-3831-0902

　お問い合わせフォーム：https://www.shin-sei.co.jp/np/contact-form3.html

落丁・乱丁のあった場合は、送料当社負担でお取替えいたします。当社営業部宛にお送りください。
本書の複写、複製を希望される場合は、そのつど事前に、出版者著作権管理機構（電話：03-5244-5088、FAX：03-5244-5089、e-mail：info@jcopy.or.jp）の許諾を得てください。
JCOPY ＜出版者著作権管理機構 委託出版物＞

図解まるわかり　いちばんやさしい会社の作り方 改訂版

2023年11月5日　初版発行

監　修　者　山　田　猛　司
発　行　者　富　永　靖　弘
印　刷　所　公和印刷株式会社

発行所　東京都台東区　株式　新星出版社
　　　　台東2丁目24　会社
　　　　〒110-0016 ☎03（3831）0743

©SHINSEI Publishing Co., Ltd.　　　　Printed in Japan

ISBN978-4-405-10436-5